KB047001

나를 바꾸는
행동분석학

**버릴 습관은 버리고
고칠 습관은 고친다**

나를 바꾸는
행동분석학

시마무네 사토루 지음 | 심정명 옮김

바다출판사

시작하며

당신은 지금 얼마나 행복합니까? '매우 행복하다'가 10점, '매우 불행하다'가 0점이라면 몇 점 정도일 것 같습니까?

　요즘, 행복을 주제로 한 책이 인기입니다. 행복이란 무엇인가, 사람은 어떠한 조건에서 행복하다 느끼고 어떠한 조건에서 불행하다 느끼는가를 밝히는 연구가 심리학이나 경제학, 최근에는 뇌과학에서도 급속히 진전되고 있습니다. 주민의 행복도를 측정하고 이를 개선하기 위한 정책을 실시하고자 하는 국가와 지역도 등장했습니다.

　서점에는 자기 계발서 코너가 있습니다. 성공하고 싶다, 인격을 도야하고 싶다, 더 충실한 인생을 살고 싶다고 바라는 사람들에게

영감이나 조언을 제공하는 책이 모여 있습니다. 지금까지 이 코너에 있었던 것은 유명인의 자전적인 책이나 종교 관련서 외에는 이 방법 저 방법을 동원해 '튜브'를 던져 주는 책이 대부분이었습니다. 앞으로도 이러한 책이 책장에서 사라지지는 않겠지요.

하지만 요즘에는 이러한 책에 섞여 심리학이나 경제학 같은 실증적인 연구에 근거하여 쓴 책도 볼 수 있습니다. 자기 계발서에 나와 있는 대로 하는 사람은 실제로는 잘 풀리지 않는 경우가 많다는 연구 성과를 소개하는 책까지 있습니다(리처드 와이즈먼,《59초》등).

이 책은 자기 계발서가 아닙니다. 이 책에 행복해지는 방법은 나와 있지 않고, 이 책을 읽어도 행복해지지는 못합니다.

이 책이 던지는 튜브는 행복해지는 법을 찾는 방법입니다.

무엇을 행복이라고 느끼느냐는 사람마다 다릅니다. 심리학이나 경제학 연구를 보면 개인차가 있다는 것과 어느 정도의 사람들이 어떤 때에 어떻게 느끼는가를 알 수 있습니다.

예를 들어 자원봉사나 시민 활동에 참가하는 경험이 행복으로 이어지는 사람이 얼마나 있는지, 참가함으로써 행복도가 어느 정도 올라가는지는 예측할 수 있습니다. 그런데 이러한 연구를 통해 우리들 하나하나에 대해서는 알 수 없습니다. 자원봉사 활동에 참가하면 내 행복도가 올라가는가, 올라간다면 얼마나 올라가는가는 당연히 내가 실제로 그 일을 해 보지 않고서는 모릅니다.

더 중요한 것은 행복도를 향상시키거나 유지하는 데에 도움이 되는 활동은 평범하게 살면서는 계속하기가 어렵다는 점입니다. 자원봉사 활동에 계속 참가하는 것, 가족이나 친구를 친절히 대하는 것, 장래를 대비해 저축을 하는 것, 피아노를 배우거나 트래킹을 하는 것 등이지요.

바쁜 일상에 쫓기는 현대인은 정말로 '하고 싶다'고 생각하는 일을 이래저래 미루기 쉬운 법입니다. 무엇이 내 행복으로 이어지는지를 알았다고 해도 그 일을 계속 해 나가는 것이 어렵기 때문에 결국에는 행복도가 정체되거나 떨어집니다.

이 책에서는 행복해지는 방법을 찾는 '나 자신 실험'을 소개합니다. 실험 방법이나 해석에는 행동분석학의 사고법을 도입합니다.

행동분석학은 심리학의 한 분야로, 눈앞의 행동 자체를 실험을 통해 바꾸고, 그 요인을 찾는 방법론입니다. 다른 많은 심리학과는 달리 무슨 일을 할 수 없을 때 그 원인을 개인의 약한 의지나 능력 탓으로 돌리지 않는다는 점이 특징입니다.

저는 대학에서 행동분석학을 가르치고 있습니다. 지금까지 10년 넘게 학부생이나 대학원생, 때로는 사회인을 대상으로 행동분석학을 가르치면서 '나 자신 실험'이라는 과제를 주는 수업을 해 왔습니다. 이렇게 해서 축적된 실험 리포트는 몇백 편에 이릅니다.

수업 과제로 이루어지는 실험은 연구가 아니기 때문에 기록이나 절차의 신뢰성에는 한계가 있습니다. 하지만 이 만큼이나 모이면 자기 행동을 대상으로 하는 실험이 어떻게 하면 잘 되는지, 어떠한 때에 실패하는지 알게 됩니다.

　이 책을 읽고 흥미가 생겼다면 여러분의 행복을 찾기 위해 꼭 나 자신 실험을 시도해 보세요.

　1장과 2장은 행동분석학의 사고법이나 나 자신 실험에 대한 설명입니다. 4장에서는 나 자신 실험의 방법을 해설했습니다. 3장과 5장은 수강생을 등장인물로 한 이야기 형식으로 수업이나 나 자신 실험이 어떻게 전개되는지를 알기 쉽게 해설했습니다. 이야기는 전부 이 책에 실리는 데에 동의한 수강생들의 리포트에 근거하고 있습니다. (단, 사생활을 보호하기 위해 등장인물의 이름이나 소속 등은 다 꾸며 냈습니다.)

　어쨌거나 '나 자신 실험'을 해 보고 싶다면 3장부터 먼저 읽는 것도 좋은 방법입니다.

차례

4장 적으면 보인다, 행동 패턴

일단 종이에 적는다. 바꾸고 싶은 행동을 문장으로 풀어 쓴다. 행동의 전후 관계를 화살표로 이어 다이어그램을 그리다 보면 명료한 인과성이 드러난다. 인과성을 건드리면 무의식적 반복 행동, 즉 버릇이 바뀌기 시작한다.

5장 소소하고 무한한 행동의 법칙

상습적인 늦잠, 안 읽히는 종이 신문, 장식품으로 전락한 우쿨렐레. 이 모든 일상에 나만의 행동분석학을 적용할 수 있다. 주위에서 흔히 볼 수 있는 문제적 습관들과 행동분석학의 상관관계에 대하여.

일러두기

- 본문 내 괄호는 저자의 부연 설명이며 각주는 모두 옮긴이주이다.
- 본문에 나오는 인명 및 지명은 국립국어원의 표기법을 따랐다. 관습적으로 굳어진 경우에는 예외를 두었다.
- 본문 예시에 나오는 인명 중 일부는 가독성을 위해 한국식 이름으로 바꿔 표기했다.

1장

모든 행동에는 이유가 있다

내 자신을 실험한다는 것

예전에는 초등학교·중학교 국어 교과서에 곧잘 나왔으니 아시는 분도 많겠지요. 방사능 연구로 노벨상을 수상한 퀴리 부인(마리 퀴리)과 남편 피에르는 라듐을 자신들의 팔에 갖다 대어 생기는 화상을 관찰·측정하여 방사선이 인체에 미치는 영향을 연구했습니다.

그때도 동물 실험 등을 통해 방사능의 위험성은 알고 있었지만 바로 이 위험성 때문에 사람을 대상으로 실험할 수가 없었기에 자신들의 몸을 쓸 수밖에 없었습니다. 퀴리 부인은 백혈병으로 세상을 떠났습니다. 실험으로 인한 방사선 피폭의 누적이 원인이라 추정됩니다. 퀴리 부부의 연구는 암 환자를 대상으로 한 방사선 요법으로 결실을 거두었습니다.

레슬리 덴디와 멜 보링은 저서 《기니피그 사이언티스트》에서 목숨을 걸고 자기 몸을 써서 연구를 계속한 과학자들을 소개합니다. 인체가 어느 정도의 열을 얼마나 견딜 수 있는지를 몸소 확인한 조지 포다이스나 에테르를 마취에 쓸 수 있는지 여부를 시험한 윌리엄 모턴 등 그야말로 목숨을 건 과학자들의 열전입니다.

그런데 이 책의 제목인 《기니피그 사이언티스트》에서 '기니피그'는 돼지가 아니라 동물 실험에서 쓰는 돼지쥐의 일종으로 이른바 '모르모트'를 뜻합니다. 동물 실험 피험체로 자주 쓰이는 이 작은 동물은 "사람을 모르모트 취급하다니!" 하는 식으로 쓰이면서 곧잘 멸시를 당하곤 합니다. 이러한 말을 들을 때마다 저는 쥐들에게 미안한 마음이 듭니다. 그들의 존엄한 생명을 희생시키지 않았다면 의학의 진보도 없었을 테니까요.

연을 띄워 번개 속 전기를 조사하고 플러스와 마이너스라는 극성을 발견한 벤자민 프랭클린은 인간으로 성장하기 위해 '근검' '절약' '성실' '정의' 등 13가지 '덕목'에 대한 자기 행동을 기록하는, 그야말로 자기실현을 위한 자기 실험을 한 것으로도 유명합니다.

안타깝게도 프랭클린의 자기실현은 잘 이루어지지 않아서 결국 '자기 인격에 결함이 있어도 참자' 하고 생각하게 되었다고 합니다. 그는 매주 그 주의 목표가 되는 덕목을 골라서 매일 그 덕목에 대해 저지른 잘못을 노트에 검은 점으로 기록한 모양입니다. 이 방법으로는 검은 점이 없어질 일이 없을 테고, 부정적인 면만 눈에 띕니다.

미국에서는 백 달러 지폐에 그려질 만큼 존경을 받는 인물이지만, 영화 〈빽 투 더 퓨처〉처럼 그가 현재로 타임 슬립을 한다면 이 책에서 소개하는 나 자신 실험 방법에 놀랄지도 모르지요.

마음을 연구한 심리학자, 에빙하우스

18세기부터 19세기에 걸쳐 자연과학이 급속도로 발전하고 마침내 산업 혁명이 일어난 시대, 그전까지 철학자들의 영역이었던 사람의 마음을 탐구하는 새로운 학문으로 심리학이 탄생합니다. 사변적인 분석이 아니라 실험을 하고 데이터에 근거하여 결론을 내는 실증과학의 방법론을 내건 출발이었습니다.

독일에서 태어난 에빙하우스는 이 여명기에 최초로 기억 실험을 수행하여 역사에 남은 심리학자입니다. 그가 쓴 방법도 자기 실험이었습니다.

그는 의미가 없는 문자열로 만든 단어(무의미 철자)를 쓴 카드를 2,000장 이상 작성하여 매일 이 중 몇 장의 카드를 무작위로 골라 하나로 묶었습니다. 이 묶음을 위에서부터 순서대로 한 장씩 넘기면서 다음 카드를 소리 내어 읽습니다.

재현해 본다면 가령 이런 식이지요.

'헤테토' '다스누' '오라모' '와라쿠' '요코라'…….

'헤테토' 카드를 보면서 '다스누', '다스누' 카드를 보면서 '오라모', '오라모' 카드를 보면서 '와라쿠'라고 말합니다. 물론 맨 처음에는 다음 카드를 모르기 때문에 아무 말도 못하지만, 몇 번 반복하다 보면 점차 다음 카드에 적혀 있는 말을 할 수 있게 됩니다.

이러한 학습을 '계열 학습'이라고 합니다.

무의미 철자가 적힌 카드 한 묶음을 전부 말할 수 있을 때까지 반복하고, 말할 수 있게 되기까지 몇 바퀴를 돌았는지 세어서 데이터 기록을 합니다. 한 번 기억한 묶음은 그대로 됐다 경과 시간을 둔 뒤 다시 같은 과제를 수행합니다. 경과 시간은 몇십 분부터 길면 한 달 정도였다고 합니다.

두 번째 계열 학습에서도 처음부터 모든 카드를 기억해 내지는 못하지만, 첫 번째보다는 적은 반복으로 외울 수 있게 됩니다. 얼마나 적은 횟수로 끝나는지를 '절약률'이라는 지표로 계산합니다. 처음부터 완전히 기억하고 있으면 절약률은 100%이고, 지난번의 반만큼만 반복하면 50%라는 말입니다. 첫 번째와 똑같은 횟수만큼 반복했다면 0%, 전혀 기억하지 못한 셈입니다. 에빙하우스는 계열 학습에 영향을 미치는 변인에 대해 많은 실험을 했습니다.

그 가운데 지금도 심리학 교과서에 실리기도 하는 것이 그림 1-1 같은 '망각 곡선'입니다. 가로축이 경과 시간, 세로축이 절약률입니다. 한 번 기억해도 몇십 분 뒤에는 이미 상당 부분 잊어버린다는 사실, 한 달이 지나도 전부 잊어버리지는 않고 그 뒤에도 기억이 잔존한다는 사실을 알 수 있습니다.

그전까지는 '분명 이럴 것이다'라고 추측만 하고 있던 마음의 작용에 대해 누구나 재현할 수 있는 방법으로 실험 연구를 한 것이 에빙하우스의 공적입니다.

실험과 일반화

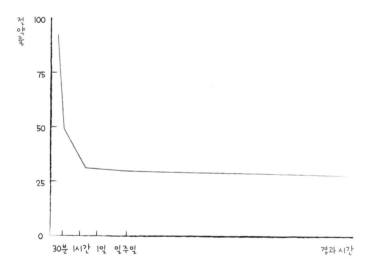

《심리학사(史)로의 초대: 현대 심리학의 배경》(사이언스사, 2010)(p.121)을 참고한 가상 데이터로 작성

그림 1-1 망각 곡선

기억에 대한 실험은 지금도 활발하게 이루어지지만, 실험자 본인이 실험 대상(피험자)이 되는 경우는 없습니다. 결과의 신뢰성을 확보할 수 없다는 것이 주된 이유입니다.

피험자는 의식적으로나 무의식적으로나 실험자의 의향에 맞는 반응을 하는 경향이 있습니다. 이를 '실험자 효과'라 부릅니다. 하지만 이래서는 조사하고 싶은 내용을 조사할 수 없으므로 연구 목적이나 가설을 피험자가 모르게 하는 것이 일반적입니다. 그런데 실험자가 피험자를 겸하면 그렇게 되지가 않습니다.

일반적으로 심리학 실험에서는 연구 가설을 검증하기 위해 수많은 피험자를 실험에 참여시킵니다. 실험으로 알게 된 사실이 피험자 이외의 비슷한 사람들에게도 들어맞는지 검토하기 위해서입니다. 이를 '일반화'라 합니다. 이 때문에 다수의 피험자가 필요합니다.

자기 실험에서는 원칙적으로 피험자인 실험자에 대해서만 알 수가 있습니다. 이래서는 일반화가 어렵기 때문에 자기 실험은 이제 거의 이루어지지 않습니다.

또한 요즘은 실험에 참가하는 사람의 인권이나 사생활을 보호하기 위한 다양한 약속이나 절차가 마련되어 있습니다. 이러한 흐름 속에서 '피험자'도 '참가자'라 부르게 됐습니다. 하지만 이 책에서는 실험자가 피험자를 겸하여 1인 2역으로 실험에 참가하는 나 자신 실험의 특징을 감안해 '피험자'라는 말을 그대로 쓰기로 했습니다.

일상 속 자기 실험

그렇다면 자기 실험에는 에빙하우스의 기억 연구처럼 역사적 가치밖에 없을까요?

결론은 이 책 결말 부분에서 내기로 하고, 우선 우리의 일상생활을 되돌아봅시다. 우리는 원시적인 방법이기는 하지만 평소에도 늘 자기 실험을 하고 있다고도 볼 수 있기 때문입니다.

세 가지 예를 들어 보지요.

하나는 자극을 비교하는 방법입니다. 재킷을 사기 위해 쇼핑을 하러 갔다고 합시다. 가게를 몇 군데 돌아보고 나서 최종 후보가 둘 남았습니다. 둘 다 똑같이 갖고 싶지만 예산은 한 벌 분밖에 없습니다. 여러분은 어떤 방법으로 고르겠습니까?

후보 두 벌이 같은 가게에 있다면 입어 보고 어느 쪽이 더 잘 어울리는지를 비교해 보겠지요. 거울에 비친 모습을 자극으로 보고 이 자극이 여러분에게 가져오는 감각을 평가하여 비교하는 셈입니다. 원시적이지만 이것도 실험입니다. 실험이 잘 되면 구입한 뒤에도 같은 감각을 얻을 수 있을 것입니다.

그런데 쇼핑이나 패션에 서툰 제 실험은 실패의 연속입니다. 가게 안에서 볼 때의 색감과 집에서 입어 볼 때의 색감이 그렇게도 다른 이유는 뭘까요? 조명의 차이일까요? 아니면 맞춰 입은 다른 옷 색깔에 따라 인상이 바뀌기 때문일까요? 재킷에 맞춰 입을 바지나 셔츠 사진을 미리 찍어 두었다 가게에서 옷을 입어 본 모습도 휴대 전화 카메라로 촬영하여 나란히 비교한다면, 조금 더 냉정하고 실패가 적은 결정을 할 수 있을 것 같습니다.

쇼핑을 실험이라 간주하고 실험 절차를 조금씩 개량해 나간다면 조금은 쇼핑을 잘할 수 있게 될지도 모릅니다.

두 번째는 과거의 행동으로부터 미래를 예측하는 것입니다. 스마트폰의 기종을 바꿀 때 통신 회사도 바꿀 생각입니다. 새로운 요금제를 선택해야만 하는데 아주 복잡합니다. 아무래도 통화 시간과 횟수가 결정적인 요인이 될 것 같습니다. 여러분이라면 어떻게 하겠습니까?

미래의 행동을 가장 정확히 예측할 수 있는 것은 과거의 행동으로 미루어 하는 추측입니다. 통신 회사도 친절하니까 자사 내 기종 변경이나 요금제 변경이라면 여러분의 과거 통화 기록을 근거로 어떠한 요금제가 가장 이득인지 가르쳐 주겠지요.

하지만 다른 통신 회사로 갈아탈 때에는 이 방법을 쓸 수 없을지도 모릅니다. 그렇다면 현재 사용하고 있는 휴대폰의 통화 내력을 조사해 봅니다. 지난 일주일 동안 몇 번 통화했으며 통화 시간은 어느 정도였을까요? 네 배를 구하면 한 달 동안의 이용 상황을 어림잡을 수 있습니다.

이 예는 자기 실험 이야기는 아닙니다. 요점은 내 미래의 행동을 예측하는 데에 '이렇게 되겠지' 하는 지레짐작이나 '이랬을 텐데' 하는 감에 의지하지 않는 것입니다. 과거의 객관적인 행동 기록에 근거하여 생각하고 판단하면 더욱 적절한 의사 결정을 할 수 있다는 말입니다.

세 번째는 스스로 기록하여 검토하는 것입니다. 요즘 무릎이 아픈 경우가 많아서 인터넷에서 평판이 좋은 영양제를 먹기 시작했습니다. 어쩐지 잘 듣는 것도 같은데 기분 탓이라는 생각도 듭니다. 슬슬 영양제가 동이 나려고 하네요. 한 상자 더 주문해야 할까요? 여러분이라면 어떻게 판단하겠습니까?

예를 들어 무릎 통증을 매일 10단계로 평가하여 기록하기로 하고, 영양제를 먹기 시작하기 전과 후의 2주간을 비교해 봅니다. 그랬더니 통증 완화에 차이가 있다고 합시다. 하지만 이는 자연 치유일지도 모른다는 의심이 든다면(있을 법한 일입니다) 한두 주 약 먹기를 중지하고 기록만 계속하여 다시 비교해 보면 됩니다.

통증 완화의 차이는 기분 탓에 지나지 않을 가능성도 있습니다. 전문 용어로는 위약(플라시보) 효과라고 합니다. 약효가 정말로 있는지 없는지 확인하기 위해 실제로는 아무 효과도 없는 성분을 약이라고 속여서 피험자에게 제공하고, 이 위약과 진짜 약의 효용에 차이가 있는지를 조사합니다. 위약이어도 피험자가 효과를 믿으면 효용이 생기는 경우가 있습니다. 그러므로 의약품 연구 개발이나 임상 실험을 할 때는 위약 효과가 발생할 가능성을 제거하는 것이 필수적입니다.

일상생활에서는 어떨까요? 착각이라 하더라도 무릎 통증이 완화되었다고 본인이 느끼고 부작용도 없으며 점이나 신흥 종교처럼 터무니없는 대가를 요구하지도 않는다면……, 또 개인이 수긍하기만 한다면 위약 효과를 이용하는 선택지도 있을 수 있다고 봅니다.

나 자신 실험의 목적

일상생활에서 자기 실험을 하는 첫 번째 목적은 여러분이나 저의 행복입니다. 무엇이 행복인가, 어떻게 하면 행복해지는가? 여기에는 커다란 개인차가 있습니다. 그러므로 실험 결과가 사람에 따라 달라도 이상하지 않습니다.

위에 쓴 일상 속 자기 실험의 예 세 가지를 보아도 알 수 있듯, 결과를 일반화하여 만인에게 공통된 법칙을 찾는 것이 실험 목적이 아니기 때문에 그래도 상관없습니다. 그렇기 때문에 일반화를 목적으로 한 실험과는 다른 방법론이 필요합니다.

이 책에서는 자기 이해와 자기실현을 위해 스스로의 행동을 대상으로 행하는 자기 실험을 '나 자신 실험'이라고 부르겠습니다.

여기서 자기 이해란 '행동의 이유를 이해하는 것'을 가리킵니다. 내가 그 행동을 하는 이유나 하지 않는 이유를 '행동 법칙'을 써서 안다는 의미입니다. 나 자신 실험에서는 어떻게든 하고 싶은 나 자신의 행동을 바꾸는 동시에 나 자신을 이해해 나갑니다. 행동을 늘리거나 줄이는 요인을 '행동의 통제 변인'이라 부릅니다.

심리학이라는 학문의 궁극적인 목적은 '행동의 예측과 통제'라고도 합니다. 나 자신 실험의 목적도 나의 행복으로 이어지는 내 행동의 통제 변인을 발견하는 것이라고 정의할 수 있습니다. 이것이 바로 서문에서도 언급한 '튜브'의 정체이자 이 책을 통틀어 여러분에게 전하고 싶은 내용입니다.

스스로를 통제하고 관리한다는 것

그런데 자기 통제나 자기 관리는 행동분석학뿐 아니라 심리학이나 교육학, 행동의학이나 간호학에서도 오래전부터 연구해 온 주제입니다. 다이어트나 흡연, 건강 유지나 자기 학습 등 폭넓은 영역에서 자신의 행동을 스스로 관리하기 위해 유효한 방법을 탐구하고 개발해 왔습니다.

여기서 말하는 통제(control)와 관리(management)에 명확한 학문적 구별은 없습니다. 하지만 통제라는 말에서는 어쩐지 금욕적인 인상을 받습니다. 확실히 간식을 너무 많이 먹지 않는다거나 담배를 피우지 않는다거나 텔레비전 시청이나 게임을 참고 공부를 한다거나 분노의 감정을 타인에게 그대로 쏟아 내지 않는다거나, 말하자면 바람직하지 않은 '충동'을 어떻게 억제할 수 있는지를 탐구하는 연구가 자기 통제에는 많은 듯합니다. 이에 비해 관리라는 말에서는 조금 더 긍정적이고 적극적인 인상을 받을 수도 있습니다. 수영에서 자기 기록을 갱신하기 위한 연습을 계속한다거나 건강을 위해 하루에 먹는 채소의 양을 늘린다거나 자격시험 합격을 목표로 세운 학습 계획을 실행한다거나, 말하자면 바람직한 행동을 어떻게 촉진할지를 조사한 연구가 많습니다.

자기 통제나 자기 관리는 행동을 억제하거나 촉진하는 데에 더 많은 사람들에게 유효한 방법을 탐구하고 개발하는 것입니다.

그러면 나 자신 실험과 이러한 연구는 어떻게 다를까요? 나 자신 실험은 누구 다른 사람이 해서 성공한 자기 통제나 자기 관리법을 시험해 보는 것이 아닙니다.

물론 이러한 지식을 참고할 수도 있습니다. 하지만 사물의 세계와는 달리 개인차가 큰 인간의 행동 세계에서는 구조를 알지 못한 채 도입하는 해결책은 왕왕 실패합니다.

다음과 같은 예는 어떨까요? 자녀를 키우다 보면 부모는 똑같이 대응하고 있다고 생각하는데도 형제들 사이에 반응이 달라지는 경우가 곧잘 있습니다. 학교에서는 반 학생 모두가 같은 수업을 들어도 이해도나 성적에 자꾸 개인차가 생깁니다.

연구로 알게 된 사실이나 개발한 방법을 일괄적으로 적용해도 높은 성공률을 기대할 수 있는 경우는 개체차나 개인차가 적을 때입니다. 행동 문제처럼 일반적으로 개인차가 매우 큰 대상에서는 앞의 연구에서 잘된 것을 그대로 적용해도 같은 효과가 나오지 않는 일이 곧잘 있습니다.

나 자신 실험을 한다는 것은 내 행동을 바꾸거나 통제 변인을 찾아내는 것만이 목적이 아니라, 행동의 원리나 연구 방법을 배워나 스스로가 내 행동을 탐구하는 힘을 기르는 일, 내게 맞는 자기 통제나 자기 관리 절차를 개발하는 방법을 손에 넣는 일입니다.

남을 알고 나를 이해한다는 것

남을 알고 나를 이해한다는 것은 무엇일까요?

흉악한 살인 사건이 발생하여 체포된 용의자 S의 이웃에 사는 사람에게 텔레비전 방송 기자가 인터뷰를 합니다.

"S씨는 어떠한 사람이었습니까?"라는 물음에 "언제나 웃는 얼굴로 인사하는 예의 바른 사람이었는데 그런 짓을 하다니 믿을 수가 없어요"라고 불안한 얼굴로 대답하는 앞치마 차림의 여성. 이 사람은 용의자 S의 진면모를 몰랐을까요? 아니면 올바르게 이해하고 있었지만 이웃에서 평판이 좋은 사람이라도 사건을 벌이는 걸까요?

"그 사람은 어떤 사람입니까?"라는 질문을 받으면 우리는 대체로 '밝은 사람'이라거나 '적극적인 사람' '얌전한 사람'처럼 '성격'

을 나타내는 말로 대답합니다. '잘 웃습니다'나 '잘 먹습니다' '언제나 책을 읽습니다'처럼 구체적인 행동으로 대답할 때도 있습니다.

'예의 바르다'는 분류하자면 성격, '웃는 얼굴로 인사한다'는 행동에 해당합니다. 이 예에서 알 수 있듯 일반적으로 말하는 성격이란 행동의 집합에 하나의 이름을 붙인 것입니다.

'웃는 얼굴로 인사한다'뿐 아니라 '손윗사람에게는 공손한 말로 이야기하고' '인사를 빼먹지 않고' '고개를 숙여 인사를 하고' '길을 양보하는' 모습을 평소부터 보고 있었다면 "그 사람은 어떤 사람입니까?"라는 질문을 받았을 때 이러한 행동의 집합에 '예의 바르다'라는 이름을 붙여서 대답하는 것이지요.

구체적으로 표현하다

같은 경향을 띠는 행동의 집합에 하나의 이름을 붙이는 것이니 이러한 이름을 '요약어'라 부르겠습니다.

요약어는 편리합니다. 행동 하나하나에 대해 예를 들지 않아도 '예의 바르다'라고 들으면 그 사람이 어떠한 행동을 하는지 얼추 예측할 수가 있기 때문입니다. 사귀는 사람의 부모님과 처음 마주할 때 "우리 부모님은 예의를 중시하는 사람이거든"이라는 말을 듣는다면 거기에 맞춰서 행동할 수 있겠지요. 듣는 사람에게 유익한 정보를 간단히 전달할 수 있는 셈입니다.

반면 요약어에도 한계는 있습니다. 이를테면 '상냥하다'라는 요약어. '이야기를 잘 들어 준다' '부탁하는 일은 거의 다 들어준다'를 상냥하다고 요약하는 분이 있는가 하면, '말을 잘 건네는 사람' '할 수 없는 일에 대해서는 그 이유를 확실히 말하는 사람'을 상냥하다고 요약하는 분도 있습니다. 언니에게 상냥한 사람이 내게도 상냥한 사람이라는 법은 없습니다.

언니가 상냥한 사람이라고 소개한 A가 내 부탁을 거절한다면 나는 언니가 거짓말을 했다고 생각할지도 모릅니다. 혹은 나는 언니가 그를 잘 모른다, 잘못 이해하고 있다고 생각할 수도 있습니다.

정확히 이해하고 전달하려면 요약어가 아니라 구체적인 행동의 예를 들게 됩니다. 여기서는 이것을 '구체어'라고 부르겠습니다. '예의 바르다' 대신 '인사를 한다' '공손한 말로 이야기한다' '자리를 양보한다'처럼 행동을 기술하는 말로 표현합니다. 이러면 오해도 줄일 수 있습니다.

구체어로 사람을 이해하는 것은 번거로울 뿐 아니라 이해한 내용을 다른 사람에게 전달하기도 어렵지만, 정확성은 증가합니다. 더 객관적으로 이해할 수 있게 된다고 할 수 있겠지요. 그래도 완벽하지는 않습니다.

사람 행동이 발생하는 조건

"그 남자 전혀 상냥하지 않잖아. 동아리 명부 만드는 걸 도와달라고 부탁했더니 거절하던데."

"어. 그래?"

"언니가 A를 상냥하다고 하기에 부탁했는데, 기운 빠졌어."

"이상하네. 지난주에 내가 세미나 발표를 도와달라고 부탁했을 때에는 들어주던데."

"그게 뭐야."

그렇습니다. 어쩌면 A는 언니의 부탁은 들어주지만 내 부탁은 쌀쌀맞게 거절할지도 모릅니다. 있을 수 없는 일은 아니지요.

구체어로 사람을 기술하는 것은 정확한 이해에 도움이 되지만, 이 경우 구체적인 행동을 폭넓은 조건에서 관찰하는 것이 중요합니다. 아무리 '상냥해 보이는 사람'이라도 아무 때나 '상냥하다'는 법은 없습니다. 상냥하다고 여겨지는 행동이 발생하는 조건을 알아 두는 편이 더 정확하고 깊은 이해로 이어집니다.

"뭐야, 언니에게 마음이 있나 보네."

그럴 수도 있습니다. A의 '부탁을 들어주는' 행동을 이끌어 내는 것은 언니의 감사 인사나 미소, 부탁을 들어준 뒤에 언니와 연락할 기회가 생길 가능성인지도 모릅니다.

내 추측에는 약간의 질투가 섞여 있지만 방향성은 틀리지 않았습니다. 행동이 발생하는 조건이 있다고 할 때 그 이유를 알면 더욱 깊은 이해가 가능해집니다.

'억측'과 '단정' 주의

'A가 언니에게 마음이 있다'라는 것은 날카로운 여성의 감이지만, 억측은 '오해'라는 나락의 밑바닥으로 우리를 떨어뜨릴 수도 있습니다. 그렇게 되지 않게끔 제삼자의 시점에서 상황을 냉정히 부감해 봅시다.

행동의 이유를 추측하기 위해서는 그 행동이 발생할 때와 발생하지 않을 때의 조건이나 상황을 조사하거나 추리하여 비교해 보는 것이 효과적입니다. 예를 들면 이런 식으로요.

① 나와 언니가 부탁을 한 시기가 다릅니다. A는 이번 주보다 지난 주에 비교적 자유롭게 쓸 수 있는 시간이 많았을 수도 있습니다.
② 세미나 자료 만들기는 그에게도 공부가 되고 발표 주제에 대해서도 관심이 있었지만, 동아리 명부 만들기에는 그런 흥미를 느끼지 못했을 수도 있습니다.
③ A는 명부를 만들기 위한 표 계산 소프트웨어 사용법을 몰라서 자신이 없었을 수도 있습니다.
④ 그리고 내가 이 사실을 아는 일을 피하고 싶었을 수도 있습니다.

⑤ 아니, 심지어 그는 예전부터 남몰래 호의를 품고 있던 내가 갑자기 말을 거는 바람에 놀라서 어떻게 해야 좋을지 몰랐을 수도 있습니다.

그 외에도 여러 가지 가능성을 생각할 수 있지만 일단 여기까지해 두고, 다음으로 어떻게 하면 이 추리를 검증할 수 있을지 생각해 봅시다.

① 시기에 따라 바쁜 정도가 다른 것이 원인일 경우에는 내가 다른 시기에 다시 부탁해 보면 알겠지요.
② 부탁의 내용이 원인일 경우에는 내가 세미나 발표 준비를 부탁해 보거나 언니가 동아리 명부 만들기를 부탁해 보면 유익한 정보를 얻을 수 있습니다.
③ 그리고 표 계산 소프트웨어를 사용하지 않는 일을 도와 달라고 부탁해 봐도 되겠지요.

일상생활에서 이러한 실험을 하는 사람은 적을 수도 있지만, 여기서는 'A가 언니에게 마음이 있다'라고 단정하는 결론으로 끝나는 경우와 이처럼 있을 수 있는 원인을 추리하는 경우에 A의 행동에 대한 이해의 깊이에 커다란 차이가 생길 가능성이 크다는 점을 알아주기를 바랍니다.

사람을 더 잘 알기 위해

자, A가 신경 쓰였던 나는 한 번 더 그에게 말을 해 보기로 했습니다.

"아까는 갑자기 미안했어."

"명부 말이야? 나야말로 미안하다. 도움이 못 돼서."

"아니야. 하지만 다른 사람에게도 부탁해 봤는데 도와줄 사람을 못 찾았어."

"그거 큰일이네."

"다음 주 이후라면 도와줄 수 있을까? 네가 편할 때에 해 주면 되니까."

"응. 이번 주말에 리포트 마감이 있으니까 그거 끝나고 나서도 괜찮으면 해 줄게."

"정말? 고마워. 덕분에 살았어."

실험이라고까지는 하지 않더라도 나는 A의 행동에 관한 추리의 폭을 넓혀 실제로 무언가를 함으로써 그를 오해한 채로 지나가지 않을 수 있었습니다. 명부 만들기에도 도움을 받을 수 있을 것 같습니다. 어쩌면 앞으로 두 사람의 관계에도 진전이 있을지 모릅니다.

사람을 요약어로 이해하는 것은 손쉽고, 다른 사람과 정보를 공유하기에도 편리합니다. 하지만 그 사람을 더 잘 알기 위해서는 구체어로 알 수 있는 행동에 관한 정보를 늘려야 합니다. 또 그 사람의 행동이 일어나는 조건이나 이유에 대해서도 생각하고 조사해야 합니다. 그리고 이렇게 이해가 깊어지면 사람에 대한 오해도 줄일 수 있고 더 밀접한 인간관계를 만들고 넓혀 갈 수 있습니다.

행동해야 알 수 있다

타자를 이해하는 것이나 나를 이해하는 것이나 매한가지입니다.

"당신은 어떤 사람입니까?"라는 질문을 받으면 여러분은 어떻게 대답하겠습니까? 취업 활동을 할 때 이력서에는 어떻게 썼습니까? 면접에서는 어떻게 대답했습니까?

'외향적'이나 '적극적' 같은 요약어를 썼을지도 모릅니다. '독서와 스포츠를 좋아한다'며 취미에 대해 이야기했을지도 모릅니다. 이것은 책을 자주 읽는다든지 스포츠를 보거나 관전하는 일이 많다는 뜻이므로 행동에 관한 구체어 표현이라고도 할 수 있습니다.

하지만 이것만으로 여러분을 잘 알릴 수 있을 리가 없습니다.

적극적이라고 하면 처음 만난 사람에게 먼저 말을 건네는 사람이라고 생각하는 이도 있지만, 사람들이 싫어하는 일을 몸소 나서서 하는 사람이라고 생각하는 이도 있습니다. 어쩌면 여러분은 누가 권하기만 하면 산이든 바다든 어디든 놀러 간다는 의미에서 '적극적'이라고 썼을 수도 있는데 말이지요.

이야기하는 사람과 듣는 사람이 행동을 다르게 요약하면 오해가 생긴다는 '요약어의 함정'입니다. 사람에게 먼저 말을 잘 건넨다는 식으로 구체적인 행동으로 표현해도 오해는 빚어집니다. 예를 들어 다음 중에서 여러분이 주저 없이 먼저 말을 건네는 상황은 무엇입니까?

- 투어 여행에서 일행이 되어 앞으로 며칠 동안 함께 생활할 사람들과 처음 만났다.
- 역 개찰구에서 지도를 펼쳐 놓고 있는, 길을 잃은 것이 분명한 중동계 여행객.
- 낯을 가리는 조카가 무료해하고 있을 때.
- 휴게실에서 담배를 피우고 있는, 존경하기는 하지만 무섭기도 한 상사.
- 뻔뻔스러워 보이는 이웃 아주머니와 피난 훈련에서 같이 있게 됐을 때.

이렇게까지 생각해 본 적은 없는 사람이 대부분 아닐까요? 신경을 써 본 적도 없겠지요. 그럼에도 불구하고 대부분의 사람들은 "당신은 사람에게 먼저 말을 잘 건넵니까?"라는 질문에 어렵지 않게 대답할 수 있고, 실제로 그러한 장면과 마주치면 그다지 망설이지 않고 말을 건네거나 건네지 않거나 할 터입니다.

즉 대부분의 사람들은 실제로 행동해 보기 전까지는 자신의 행동 경향을 잘 모른다는 이야기입니다. 어쩌면 체포된 용의자 S를 잘 모르는 것과 똑같은 정도로 잘 모를 수도 있습니다. 그래도 해가 되지는 않습니다. 그렇게까지 나 자신을 깊이 알지 않더라도 아무런 문제없이 살아갈 수 있습니다. 단 나의 가능성을 한정해 버리는 일은 있을지도 모릅니다.

원인을 논리적으로 추적한다

나는 '내성적이고 먼저 말을 거는 것이 서툴다'라고 확신하는 사람의 예를 생각해 볼까요.

'내성적'이니까 '사람에게 먼저 말을 거는 것이 서툴다'는 식으로 행동의 원인을 성격에서 찾는 사람도 있지만, 이것은 잘못됐습니다. 요약어는 행동의 집합에 붙인 이름이었지요. 뭉뚱그려서 바꿔 말하는 것일 뿐이니 행동의 원인이 될 수는 없습니다.

행동의 원인을 성격에서 찾으면 '순환론의 함정'에 빠집니다. 순환론이란 논리적으로 잘못된 논법 중 하나인데, 설명하려고 하는 대상을 설명의 근거로 삼는 오류입니다. 이 경우 '사람에게 먼저 말을 거는 것이 서툰' 이유가 설명해야 할 대상입니다. 하지만 애초에 '사람에게 먼저 말을 거는 것이 서툴다'를 '내성적'이라고 바꿔 말하고 있을 뿐이니 이래서는 설명이 안 됩니다.

순환론의 함정은 여기저기에 깔려 있습니다. 수학 문제를 못 푸는 이유는 수학을 못하니까, 스포츠 대회에서 활약하는 이유는 재능이 있으니까, 노래방에서 음정을 틀리는 이유는 음치라서, 언제나 웃는 얼굴인 이유는 낙천적이어서. 이렇게 끝없이 늘어놓을 수 있지만 전부 순환론입니다.

순환론의 함정에 빠져도 해석이 잘못되었을 뿐 역시 실제로 해가 되지는 않습니다. 단 이 때문에 스스로의 가능성을 한정해 버리게 되면 이야기는 달라집니다.

'사람에게 먼저 말을 건네는 것이 서툰' 이유는 내성적이기 때문이라고 믿는 사람은 나는 내성적이니까 어떠한 상황에서도 말을 건네지 않는다고 단정하고 말을 걸고 싶은 사람이 있어도 단념해 버리는지도 모릅니다. '앞으로 의사가 되어 병으로 고통받는 사람들을 돕고 싶다'라고 생각하지만 '수학을 못하니까'라는 이유로 의대 진학을 일찌감치 포기해 버릴지도 모릅니다.

이야기하고 싶은 사람에게는 말을 건네야 한다거나 의사가 되고 싶으면 의대에 진학해야 한다는 말이 아닙니다. 잘못된, 부정확한 믿음으로 알게 모르게 나 자신의 인생에 스스로 한계를 설정하고 있을 가능성이 있다는 뜻입니다.

내가 'A는 언니에게 마음이 있다'라는 '억측'을 극복하고 그에게 다른 형태로 한 번 더 부탁을 했더니 도움을 받을 수 있었을 뿐 아니라 사이도 더 좋아질 가능성이 열렸듯, 내가 내성적이거나 수학이 서툰 원인을 추리하여 사소한 실험을 해 보면 지금은 이렇다고 믿고 있는 나 자신을 극복한 내일이 열릴지도 모릅니다.

실험한 결과, 역시 말을 걸 수 없었거나 수학 문제를 풀지 못했다 해도 잃는 것은 없습니다. 나를 다시 확인할 뿐입니다.

나 자신 실험을 함으로써 그때까지는 깨닫지 못했던 나의 일면을 깨닫는 일은 드물지 않습니다.

자기 자신을 이해한다

여기서 이 책에서 말하는 자기 이해를 정의해 두겠습니다. '사람'은 그 사람의 행동이 발생하는 '장(場)' 같은 것이라고 생각하고 '사람'보다는 그 사람이 하는 '행동'에 초점을 맞춥니다. 따라서 자기 이해도 우리 각자가 자신의 행동을 이해하는 것입니다.

뒤에서 설명하겠지만 여기서 말하는 '행동'에는 감정이나 사고도 포함됩니다.

행동을 이해한다는 것은 행동에 영향을 미치는 요인 즉 '통제 변인'을 밝혀내는 것입니다. 행동분석학에서는 행동을 일어나는 빈도·강도·잠복기·지속 시간 등 다양한 척도로 측정합니다. 이 가운데 나 자신 실험의 대상이 되기 쉬운 것은 '일어나는 빈도'입니다. 즉 많은 경우, 행동을 늘리거나 줄이는 조건을 알면 행동을 이해하게 됩니다. 이것이 나 자신 실험에서 말하는 자기 이해입니다.

2장

문제는 '지속적 행동'

강한 의지 vs 선천적 재능

　꿈을 이루는 가장 좋은 방법을 너에게 가르쳐 줄게

　이루어질 때까지 계속하는 거야 스스로를 믿고

이제는 일본을 대표하는 포크 듀오인 '고부쿠로'의 인디 데뷔 CD에 수록된 '꿈 노래'라는 곡입니다. 길에서 라이브를 하던 당시의 그들이 가졌던 패기와 데뷔에 대한 불안이 솔직히 표현된 숨은 명곡인데, 몇 년도 지나지 않아 그들은 이 가사가 옳았음을 몸소 증명하게 됩니다.

　야구의 이치로나 축구의 혼다 게이스케, 탁구의 후쿠하라 아이

선수처럼 세계에서 활약하는 운동선수들은 프로야구나 세리에A 나 올림픽에서 뛰는 것, 뛸 수 있는 것을 어린 시절부터 믿었던 모양입니다. 초등학교 졸업 문집이나 졸업 앨범에 "내 꿈은……"하고 확실히 써 놓은 것을 보면 이 사람들에게 원래부터 강한 의지가 있었음을 알 수 있습니다.

하지만 잊어서는 안 되는 것은 그들만 이러한 꿈을 졸업 문집에 쓴 건 아니라는 겁니다. 비슷한 꿈을 꾸던 동급생은 그들 외에도 많이 있었을 터입니다. 그들과의 차이는 어디에 있을까요? 강한 결의일까요? 아니면 재능의 차이일까요?

정답은 연습입니다. 다양한 분야에서 활약하는 달인들의 과거를 조사한 연구 결과, 달인을 만드는 가장 큰 조건은 유년기부터의 집중적인 연습임이 알려져 있습니다. 육상이나 수영처럼 유전의 영향을 받는 근력이나 골격의 만듦새 등에 크게 좌우되는 경기에서는 상대적으로 효과가 적지만, 그래도 연습이 가장 큰 조건임은 틀림없는 모양입니다.

전문가에게 대해 오랫동안 연구하고 있는 심리학자 에릭슨은 유년기에 10년 이상 합계 만 시간 이상 수행과 같은 기초 연습을 즐겨 하는 것이 달인을 만들어 내는 기준이라고 보고합니다. 이것만으로도 된다면 여러분이나 저도 메이저리그 선수가 될 수 있을 것 같습니다. 하지만 계산해 보면 압니다. 만 시간을 10년으로 나누면 천 시간, 천 시간을 365일로 나누면 2.7시간. 명절과 연말, 감기에 걸린 날에는 쉰다고 해도 이 연습을 매일 3시간씩 10년 동안 계속해야만 한다는 계산이 나옵니다.

수행 같은 기초 연습(에릭슨은 deliberate practice라 부릅니다) 자체는 꼭 즐겁지만은 않습니다. 예를 들어 피아노를 치기 위해 열 손가락을 따로따로 움직이는 운지 연습은 고통으로 느껴지기까지 합니다. 그렇기 때문에 연습을 통해 그때까지 잘 치지 못하던 곳을 잘 치게 되는 것 즉 실력 향상을 본인이 즐기는 것이 조건이라고 합니다. 아이들이 싫어해도 매일 천 번씩 캐치볼을 반복하여 조금도 실력이 향상되지 않으면 연습 시간으로 계산하지 않는다는 말입니다.

'계속하는 것이 힘'이라는 말에는 탄탄한 근거가 있다는 이야기겠지요.

사과가 나무에서 떨어지는 것은 사과의 능력 부족?

반면 계속하기가 어려운 것 또한 사실입니다. 무언가를 지속하기로 마음먹었다가 실패한 적이 있는 사람은 진심으로 이해할 수 있겠지요. 영어 회화나 저축, 다이어트든, 남편이나 아내, 연인에게 다정하게 대하기든.

다짐했던 일을 포기할 때 우리는 "나는 칠칠치 못하니까" "재능이 없으니까" 같은 변명을 생각해 내곤 합니다.

하지만 변명은 필요 없습니다. 무언가를 계속하기가 어려운 것은 사과가 나무에서 떨어지는 것과 똑같은 정도로 자연스러운 현상이기 때문입니다. 사과가 나무에서 떨어지는 것은 그 사과가 칠칠치 못하거나 역부족이어서, 믿음의 힘이 약해서가 아닙니다.

다른 열매보다 빨리 익어서 나무에서 떨어진 사과를 '칠칠치 못하다'고 탓하는 사람은 없습니다. 탓한다고 해서 사과가 원래대로 돌아가지도 않습니다. 강한 바람도 견디며 잘 떨어지지 않는 사과를 재배하려면 농학이나 유전 공학의 힘을 빌려야 합니다. 혹은 기상학 같은 지식을 이용해 바람을 잘 맞지 않는 밭을 만드는 방법을 궁리할 수도 있습니다.

야구 연습을 계속하지 못하고 포기하려는 아이에게 "너는 칠칠치 못하구나, 신념이 없어, 재능이 없어" 하고 야단치는 아버지는 나무에서 떨어진 사과에 불평을 하는 것과 매한가지로 효과 없는 일을 하고 있음을 자각해야 합니다.

'행동'이란 무엇인가

사과가 어떻게 나무에서 떨어지는지에 대해서는 물리학의 지식을 써서 예측할 수 있습니다. 중력이나 공기 저항이 낙하 운동에 어떠한 영향을 주는지를 알고 있기 때문입니다.

아이의 행동에 대해서는 어떨까요? 아이의 행동에 영향을 미치는 요인에는 어떠한 것들이 있을까요? 이를 밝히는 것이 행동분석학이라는 학문입니다. 아이뿐만 아니라 어른의 행동도, 인간뿐만 아니라 개나 고양이, 새나 물고기의 행동까지 온갖 동물의 행동을 대상으로 합니다.

물리학이 물체의 낙하에 영향을 미치는 요인을 밝히고 생물학이 세포의 구조나 유전 법칙을 밝혔듯, 행동분석학은 살아 있는 생물의 행동에 영향을 주는 요인을 해명해 왔습니다. 행동의 법칙이란 이렇게 해서 확립된 지식입니다.

행동이라는 말에서 달리거나 공을 던지거나 먹거나 전화를 하는 등 눈에 보이는 운동을 떠올릴지 모르겠지만, 행동분석학의 대상은 '죽은 사람'은 할 수 없는 모든 것입니다. 생각하거나 느끼는 것도 행동입니다. 좋아하는 사람이 보낸 메일에 가슴을 두근거리는 것도, 무서운 상사의 지적에 의기소침해하는 것도, 짚이는 구석이 없는 일로 질책을 받고 발끈하여 대꾸하는 것도, 어느 가게에서 무엇을 먹을지 생각하거나 선택하는 것도 죽은 사람은 할 수 없으니 전부 행동입니다.

이것도 행동일까 망설여진다면 죽은 사람이 그 일을 할 수 있을지를 생각해 보세요. 우리는 이를 '죽은 사람 테스트'라고 부릅니다. 꼼짝 않고 있거나 길에 쓰러져 있는 것은 '죽은 사람의 주특기'이니까 행동이 아닙니다.

술을 자제하거나 친구의 험담을 그만두는 것도 어떠한 행동을 하지 않는 것이니 이대로는 행동의 정의로 부적절합니다. 각각 '술을 마신다'나 '친구의 험담을 한다'로 바꾸어 말합니다.

　말장난을 하는 것이 아닙니다. 행동의 법칙은 이렇게 정의된 행동에 대해 실험하여 도출한 법칙이므로 행동의 법칙을 써서 행동을 바꾸려 할 때에는 그에 걸맞은 정의를 할 필요가 있습니다.

　술을 자제하거나 친구의 험담을 그만두는 것도 '술을 마시는' 행동이나 '친구의 험담을 하는' 행동의 빈도를 낮추는 것이라고 정의하면 행동의 법칙을 쓸 수 있게 됩니다.

행동의 법칙

물리학의 낙하 실험에서는 공기 저항이라는 요인을 없애기 위해 실험실에서 진공관을 만들고 거기서 질량이 다른 쇠구슬이나 깃털을 떨어뜨려 낙하 속도를 측정합니다. 행동분석학의 선구자들은 물리학이나 생물학과 마찬가지로 처음에는 단순한 행동을 골라서 다른 요인이 끼어들기 어려운 환경을 실험실에 만들었습니다. 비둘기나 쥐 같은 실험동물을 피험체로 실험 상자의 벽에 달린 스위치를 누르거나 레버를 당기는 행동에 대한 실험*을 거듭

---

* 가령 동물 행동을 연구하기 위해 B. F. 스키너가 고안한 '스키너 상자'처럼 상자 안쪽에 설치된 지렛대나 레버를 조작하면 먹이가 나오거나 전기충격이 가해지게 한 학습 실험 장치가 있다.

하여 행동의 빈도를 늘리는 요인이나 줄이는 요인을 찾아냈습니다. 이러한 연구 성과가 축적되어 현재는 행동의 법칙으로 확립되어 있습니다.

실험실에서 찾아낸 행동의 법칙은 곧 일상생활에 응용되기 시작했습니다. 처음에는 정신 장애나 지적 장애가 있는 사람들의 행동 관리에 적용됐습니다. 마음에 원인이 있다고 보고 격리하거나 구속하는 것 말고는 대처할 방법이 없었던 행동 문제를 해결하는 데에 행동의 법칙을 활용하게 됐습니다. 지금은 자폐증이나 ADHD 같은 발달 장애를 가진 사람들을 지원하는 데에 없어서는 안 된다고 할 정도입니다.

뿐만 아니라 행동의 법칙은 장애의 유무와 상관없이 널리 응용되고 있습니다. 스포츠나 음악 지도, 기업의 매니지먼트, 공중위생, 돌봄이나 복지, 재활, 에너지 절약, 우주 비행사 건강 관리 등 응용 영역은 지금도 계속 확대되고 있습니다.

행동분석학이 발견한 법칙은 하나가 아닙니다. 그렇다고 해서 100개, 200개가 있지도 않습니다.

자연과학에서는 가능한 한 적은 수의 법칙으로 가능한 한 많은 것을 설명할 수 있는 이론에 가치를 둡니다. 어떻게 정리하느냐에 따라 다르기도 하지만 행동분석학의 법칙은 기껏해야 30개 정도입니다. 맨 뒤에 참고 문헌을 붙여 둘 테니 행동분석학에 대해서는 그 책들을 읽어 주세요. 이 책에서는 나 자신 실험을 할 때 중심이 되는 '행동 수반성' 개념을 중심으로 해설하겠습니다.

조건 – 행동 – 결과

어떠한 행동을 한 직후에 환경이 변하면 그 변화 때문에 그 행동이 앞으로도 반복되거나 반복되지 않는 경우가 있습니다. 행동과 환경 변화 사이의 이러한 관계를 '행동 수반성'이라고 합니다.

행동 수반성은 행동 전후에 무슨 일이 일어났는지를 관찰·기록함으로써 추정할 수 있습니다. 여기서는 행동 이전에 일어난 일을 '선행 조건', 행동 이후에 일어난 일을 '결과'라 부르겠습니다.

영어로는 선행 조건·행동·결과를 각각 Antecedents·Behavior·Consequence라 씁니다. 따라서 행동을 통제하는 수반성을 조사하는 것을 영어의 머리글자를 따서 'ABC 분석'이라 부릅니다.

모든 수반성이 행동을 통제하지는 않습니다. 어느 수반성이 행동을 통제하는지는 수반성을 바꾸었을 때 이에 따라 행동이 바뀌었는지 여부로 판단합니다. 이것이 행동분석학의 실험입니다.

나 자신 실험에서는 늘리고 싶은 행동이 늘지 않는 이유, 줄이고 싶은 행동이 줄지 않는 이유를 행동 수반성으로 추정하고 그 가운데 몇 가지를 조작함으로써 행동이 바뀌는지를 확인합니다. 행동 문제의 원인을 추정하건 해결책을 생각하건 여러분의 행동

에 어떠한 선행 조건이나 결과가 영향을 주는지를 알아 둘 필요가
있습니다.

행동을 자극하는 조건들

행동을 늘리거나 줄이는 결과에는 어떠한 것이 있을까요?

행동 직후에 나타난 어떤 사건이나 조건이 그 행동이 일어나는
빈도를 높이면 그것을 '강화제', 반대로 그 행동이 일어나는 빈도
를 낮추면 '혐오 자극'이라고 합니다.

강화제와 혐오 자극에는 유전으로 결정되는 생득성과 학습으로
결정되는 습득성이 있습니다.

유전 정보가 공통된다면 생득성 강화제나 혐오 자극도 거의 같
습니다. 즉 이는 종에 공통적인 특성입니다. 반면 습득성 강화제
나 혐오 자극은 개체에 따라 다릅니다. 사람이든 동물이든 습득성
강화제나 혐오 자극의 차이가 개성으로 나타납니다.

동기 부여나 자기실현에 관해서는 일인자였던 심리학자 매슬로
는 자기실현에 이르는 사람의 기본적인 욕구를 계층 구조로 표현
했습니다(그림 2-1). 이 그림을 써서 강화제와 혐오 자극의 구체
적인 예를 생각해 볼까요.

맨 아래 단계는 생리적인 욕구입니다. 여기에는 먹는 것, 마시
는 것, 공기, 수면, 섹스 등이 포함됩니다. 살아서 자손을 남기기

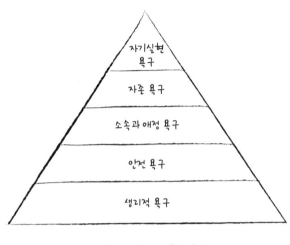

그림 2-1 매슬로의 욕구 단계

위해 최소한으로 필요한 욕구입니다. 행동분석학으로 해석하면 모두 생득성 강화제라 볼 수 있습니다.

행동을 강화하는 조건

생득성 강화제가 행동 직후에 출현함으로써 다양한 행동의 빈도가 증가합니다. 냉장고를 열거나 수도꼭지를 트는 '행동'은 먹을 것을 발견하거나 물이 나옴으로써 증가합니다. 숨이 막힐 때 크게 숨을 들이쉬는 '행동'이나 쾌적한 수면을 위해 자기 전에 침실 형광등을 끄는 '행동'도 산소를 흡입하거나 편히 잠듦으로써 증가합니다.

이렇듯 어떠한 행동이 앞으로 일어날 빈도를 증가시키는 것을 '강화 수반성'이라 부릅니다.

생득성 강화제는 인간이라면 인간, 고양이라면 고양이, 개라면 개 등으로 '종'에 공통되지만, 생득성 강화제가 강화하는 행동은 습득된 것이라는 점에 주의해야 합니다. 따라서 여기에서도 개성이 생겨납니다.

마실 물을 요구하는 것(행동)은 생득성 강화제인 물을 얻음으로써 강화되지만, 이 말을 "물 주세요"라고 하는 사람도 있고 "목이 마릅니다"라고 하는 사람도 있으며 "A cup of water, please"라고 하는 사람도 있지요. 강화제가 공통이어도(물) 각각의 환경에 맞는 행동을 학습하는, 종을 보존하는 데에 적응도가 높은 시스템입니다.

생득성 강화제라고 해서 언제 어느 때나 강화제로 기능하지는 않습니다. 이제 막 물을 잔뜩 마신 사람에게 컵 가득한 물은 아무런 작용도 하지 않을 테고, 충분히 잔 뒤와 밤을 꼬박 새운 뒤에 수면이 강화제로서 행동을 강화하는 힘에는 차이가 있습니다.

즉 강화제가 행동을 강화하려면 어떠한 조건을 설정할 필요가 있다는 말입니다. 이를 행동분석학에서는 '확립 조작'이라 부릅니다. 확립 조작은 어떤 사건이 가지고 있는 강화제나 혐오 자극의 효과를 증감시키는 조건입니다. 동시에 이러한 강화제나 혐오 자극과 관련된 수반성으로 강화된 적이 있는 행동을 이끌어 내는 기능도 합니다.

물의 경우, 몇 시간 동안 물을 마시지 않는 '결핍'이라는 조작이 수분의 강화제 기능을 높이는 조건이 됩니다. 물을 충분히 섭취하는 '포만' 조작은 물의 강화제 기능을 낮추는 조건입니다. 확립 조작은 하나만 있는 것이 아닙니다. 물의 경우라면 운동을 한다거나 매운 음식을 먹어도 강화제로서의 기능이 커집니다.

생리적인 조작뿐만이 아닙니다. 작은 불을 끄려고 하거나 바닥 청소를 하기 위해 걸레를 씻으려고 할 때에도 물은 강화제로서 확립됩니다. 단, 물이 갖는 이러한 다방면의 기능을 매슬로의 분류에서는 상정하지 않습니다.

행동을 저해하는 조건

그림 2-1의 아래에서부터 두 번째 층은 안전 욕구입니다. 몸의 안전뿐 아니라 경제적 안정성이나 직업의 안정성도 포함합니다. 또한 내 안전뿐 아니라 가족이나 지역의 안전도 상정합니다.

행동분석학으로 해석하면 이 단계에 포함되는 요인은 대부분 생득성, 습득성 혐오 자극과 관련 있어 보입니다. 아픔을 주는 자극, 극단적인 고온이나 저온, 도를 넘는 큰소리, 악취나 이상한 냄새 등은 생득성 혐오 자극으로 기능합니다.

행동 빈도를 줄이는 것을 '약화 수반성'이라고 합니다. 가열된 다리미를 만져서 (행동) 화상을 입으면 다리미를 만지는 행동 빈도가 줄어듭니다.

혐오 자극으로 인해 행동이 증가하는 수반성도 있습니다. 악취가 나면 그 자리를 떠나는 행동이 강화될 수도 있습니다. 커다란 소리가 나면 손으로 귀를 막는 행동이 강화될 수도 있습니다. 행동을 강화하는 기능을 생득적으로 갖추고 있을 뿐 강화되는 행동 자체가 생득적으로 정해져 있는 것은 아니라는 점은 생득성 강화제와 마찬가지입니다. 악취의 예를 들자면 코를 막는 행동이나 입으로만 숨을 쉬는 행동이 강화될 수도 있고 냄새 제거제를 뿌리는 행동이 강화될 수도 있습니다.

매슬로는 이 단계에 물리적인 안전뿐 아니라 직업이나 수입이 안정되어 있다는 심리적인 안전도 포함시킵니다. 행동분석학으로 해석하면 직장이나 수입의 안정과 관련된 사건이나 상황은 습득성 강화제로 기능하고 이것을 잃어버릴 조짐은 습득성 혐오 자극으로 기능한다고 할 수 있습니다.

학생 입장에서 지망 기업의 채용 통지서는 무척 강력한 강화제로 기능합니다. 많은 사회인들의 경우, 지시받은 일은 끝나지 않고 상사가 언짢은 표정을 하고 있을 때에는 이것이 혐오 자극으로 기능하여 어떻게든 일을 끝내려고 잔업을 하는 행동이 강화되겠지요. 근무하는 회사의 경영 상황이 악화되었다는 정보를 접하면 이직 활동이 유발될 수도 있습니다.

욕구가 행동을 이끈다

매슬로의 이론은 자기실현 이론이라 불립니다. 인간의 욕구는 자기실현을 향해 단계적으로 성장한다고 생각한 모양입니다. 그림 2-1에서 말하자면 생리적 욕구와 안전 욕구가 충족된 뒤에 소속과 애정 욕구가 생긴다는 식으로요.

행동분석학에서 습득성 강화제나 혐오 자극은 원래는 강화제나 혐오 자극의 기능을 가지고 있지 않던 사건이 이미 강화제나 혐오 자극의 기능을 가진 사건과 동시에 출현함으로써 강화제나 혐오 자극의 기능을 획득한 것입니다. 타자의 주목은 처음에는 아무런 기능이 없지만, 아이가 어머니의 주목을 끌면서 과자를 얻거나 어른이 레스토랑에서 종업원의 주목을 끌어서 주문을 할 수 있었다면 이는 어머니나 과자, 식사와 동시에 출현하는 강화제가 되어 주목을 얻는 행동을 강화하게 됩니다.

돈도 강력한 습득성 강화제입니다. 아기에게 지폐는 종잇조각과 매한가지지만, 다른 다양한 것들(강화제)과 교환하여 강화됨으로써 돈은 강력한 습득성 강화제가 됩니다.

그림 2-1의 가운데 층 즉 소속과 애정 욕구는 다른 사람에게 받아들여지고 있다는 감각이나 어딘가에 속해 있어 머물 곳이 있다

는 감각을 포함합니다. 반대로 남에게 거부를 당하거나 무시당하는 것, 인정을 받지 못하는 것은 회피한다고 여겨집니다.

행동분석학으로 해석하면 '소속과 애정 욕구' 단계는 사회적인 강화제나 혐오 자극에 해당합니다. 타자의 주목·승인·이해 등이 습득성 강화제로 기능하고 무시·부정·거부 등이 습득성 혐오 자극으로 기능합니다.

위에서부터 두 번째인 존경 욕구는 타인의 존경이나 명성, 지위 등의 낮은 수준과 자존심이나 자립심 같은 더 높은 수준으로 나뉜다고 합니다. 둘 다 사회적인 관계성에 근거한 강화제나 혐오 자극인데, 후자는 그저 칭찬만 받는 것이 아니라 스스로 수긍할 수 있는 이유로 인정을 받는다는 점에 차이가 있습니다. 주목이나 승인 등 사회적인 강화제뿐 아니라 일의 성과나 내용처럼 그 행동이 본래 산출해야 하는 강화제를 출현시킴으로써 강화된다는 뜻이겠지요.

결핍 욕구와 존재 욕구

매슬로의 이론은 욕구 단계가 위로 올라갈수록 추상적이고 애매해질 뿐 아니라 해석하기도 어렵습니다. 애초에 실험이나 조사를 통해 실증한 이론이 아니라 굳이 말하자면 매슬로 본인이 가지고 있는 인류에 대한 이상을 이론화한 것이라고도 합니다.

맨 위의 자기실현 욕구는 일반인과는 거리가 먼 수준인 듯, 이를 달성했다고 매슬로가 판단한 사람들의 특성을 기술하고 있습니다. 그 가운데에는 '나 자신과 타인을 수용한다' '창조성' 같이 수긍이 가는 항목도 있지만, '신비한 체험'이나 '민주주의적인 성격'처럼 문화적, 사상적인 편향이 엿보이는 항목도 있습니다.

매슬로의 이론에 대해서는 비판도 많아서 현재 그대로 받아들여지지는 않지만, 여기서 몇 가지 귀중한 시사점을 얻을 수 있습니다. 동기 부여 이론에 발단 단계라는 시점을 도입했다는 점도 그 중 하나고, '결핍 욕구'와 '존재 욕구'를 구별한 것도 그 중 하나입니다.

결핍 욕구는 무언가가 결핍돼 있을 때 이를 충족하는 것이 동기가 되는 욕구입니다. 수분의 결핍 때문에 물이 강화제가 되는 것은 물을 섭취하여 포만이 이루어지기 전까지입니다. 회사에서 해고당하지 않는 것만이 동기라면 해고당하지 않는 최소한의 일만하고 끝날 수도 있습니다. 테니스 동아리에 소속하는 것만이 동기 부여라면, 동아리 안에서의 친구 관계를 돈독히 하거나 테니스 실력을 향상하는 데에는 이르지 못할 수도 있습니다. 충족되면 동기가 희박해지기 때문입니다.

존재 욕구는 아무 것도 결핍돼 있지 않아도 그것만으로 동기 부여가 되는 욕구입니다. 매슬로의 생각과는 다를 수도 있지만, 행동분석학으로 해석하면 가령 지금까지 마신 물과 다른 맛이 강화제로 기능하여 다양한 생수를 시음하는 경우 강화제는 수분이 아니라 신기함이고, 결핍된 것이 아닙니다. 회사 일도 이런저런 새로운 고안을 해서 작업이 원활해지거나 고객이 기뻐하는 것이 강화제로 기능한다면, 이렇게 일하는 것에 동기를 부여하는 요인은 고갈되지 않습니다. 동아리 안의 인간관계에서 친구들 하나하나와 이야기를 하거나 함께 활동하는 사이에 그 사람의 몰랐던 면모를 아는 것이 강화제가 되거나 테니스 기술의 향상이 강화제가 된다면, 충족된다고 해서 끝은 아닙니다.

행동은 여러 조건으로 통제된다

매슬로는 자기실현 단계만이 존재 욕구의 기준을 만족시키고 위인들만이 이 수준에 도달할 수 있다고 생각했습니다. 그 밑의 단계는 결핍 욕구입니다. 하지만 행동분석학으로 해석해 보면 존재 욕구적인 동기 부여 기능을 갖는 강화제나 혐오 자극을 습득하는 데 위인일 필요는 없을 것 같습니다.

피아노를 배우는 아이의 행동을 예로 들어 생각해 봅시다. 피아노를 치는 행동을 강화하는 강화제에는 무엇이 있을까요? 유아가 장난감 피아노로 놀듯 단순히 소리가 남으로써 건반을 두드리는 행동이 강화되기도 하겠지요. 선생님이 칭찬해 주는 것이 강화제인 경우도 있는가 하면, 친구보다 잘한다는 말을 듣는 것이 강화제가 되기도 할 테고요. 선생님의 본보기대로 혹은 교재대로 칠 수 있다는 것이 강화제인 경우도 있는가 하면, 내 기분이나 곡의 이미지가 멜로디나 리듬이 되어 들리는 것이 강화제일지도 모릅니다.

강화제만 있으리라는 법은 없습니다. 선생님에게 혼나는 것이 혐오 자극이 되어 피아노를 치는 행동으로 질책을 회피할 수 있기에 행동이 강화되는 경우도 있으며, 발표회가 다가왔는데 과제 곡을 마스터하지 못한 것이 불안하여 이 불안에서 도피하는 것이 연습 행동을 강화하는 경우도 있겠지요. 겉보기에는 똑같이 '피아노를 치는' 행동이라도 사람에 따라 또 상황에 따라 통제 변인이 다를 가능성이 있습니다.

게다가 피아노를 치는 행동을 강화하는 강화제나 혐오 자극의 행동 수반성은 하나가 아닐 수도 있습니다. 이를 '다중 통제'라고 합니다. 행동의 통제 변인이 여러 개 있다는 뜻입니다.

행동을 통제하는 환경

어릴 때는 여러 가지를 배우러 다녔는데 어른이 돼서 전혀 하지 않게 됐다는 이야기를 곧잘 듣습니다.

피아노든 글씨 쓰기든 스포츠든, 선생님에게 야단맞는 것을 회피하는 기능밖에 없었던 연습(행동)은 야단을 치는 선생님이 없어지면 하지 않게(유발되지 않게) 됩니다. 그 반대도 마찬가지입니다. 선생님에게 칭찬 받는 기능밖에 없었던 행동은 칭찬해 주는 선생님이 없어지면 유발되지 않습니다.

통제 변인이 다르면 똑같은 행동이 아니니 이상할 것도 없는 일입니다.

행동분석학의 자기 이해는 내 행동을 강화하거나 약화하는 강화제나 혐오 자극을 아는 데서부터 출발합니다. 그리고 다음 단계로 그 외의 강화제나 혐오 자극으로 내 행동을 통제할 수 있는 가능성에 대해 생각합니다.

상사의 질책이 혐오 자극이라서 늘 혼나지 않기 위해 일을 하는 사람이, 손님이 기뻐하는 얼굴이 강화제가 되어 일을 하게 되면 어떨까요? 일에도 보람이 생길 것 같지 않습니까? 만일 그렇다면 그 사람 행동이 그렇게 통제되는(손님을 기쁘게 할 수 있는) 환경을 생각해 봅니다. 이것이 행동분석학을 통한 자기실현의 길입니다.

내 행동의 통제 변인을 아느냐 모르느냐에 따라 선택 폭은 크게 달라집니다. 넓어진 선택지에서 하나를 골라 이제까지 하지 않았던 일을 시도해 보고, 이것이 잘 되면 행복으로 이어질지도 모릅니다. 잘 되지 않아도 나를 더 잘 아는 계기가 됩니다. 이제까지 골랐던 선택지를 바꾸지 않고 그대로 두거나 선택하지 않겠다고 결정했다 해도, 내가 선택 폭을 알고 있다는 것이 행복감으로 이어질 가능성이 있습니다.

인생은 좀처럼 생각대로 되지 않는 법이지만, 적어도 어떤 때에 왜 생각대로 되지 않는지를 알게 되기 때문입니다.

~할 때 ~하면 ~가 된다

행동 수반성은 '선행 조건(~할 때)' '행동(~한다면)' '결과'(~가 된다)라는 관계성으로 기술합니다.

'선행 조건'에는 크게 나누어 '확립 조작'과 '변별 자극'이 있습니다.

예를 들어 앞에 썼듯 물이나 음식에 대한 결핍과 포만은 선행 조건이고 생득성 확립 조작입니다.

변별 자극은 그 자극이 제시되지 않을 때보다 제시될 때에 결과가 출현할 확률이 높아지는 자극입니다. 예를 들어 자동판매기에 불이 들어와 있을 때 돈을 넣어 음료를 고르면 그 상품이 나오지만(강화) 불이 들어와 있지 않을 때에는 돈을 넣어도 상품이 나오지 않습니다(소거). 이 수반성 때문에 불이 들어와 있을 때에는 돈을 넣는 행동이 도출되고 불이 들어와 있지 않을 때에는 돈을 넣는 행동이 도출되지 않습니다. 즉 자판기의 불이 변별 자극으로 기능하여 행동을 통제합니다.

당분간 물을 섭취하지 않았거나 누군가에게 마실 것을 사다 달라는 부탁을 받은 경우처럼 어떤 확립 조작 때문에 음료가 강화제가 됐을 때에도 자판기에 불이 들어와 있지 않으면 음료를 손에 넣지는 못합니다. 원하는데 손에 들어오지 않는 상황입니다.

반면, 자판기에 불이 들어와 있어도 이러한 확립 조작이 기능하지 않을 때에는 자판기에 돈을 넣는 행동은 도출되지 않습니다. 손에 들어오는데 원하지 않는 상황입니다.

전문가조차 때로는 확립 조작과 변별 자극을 구별하기가 어렵지만, 확립 조작이 '그것을 원하게 하는' 기능을 가지고 있고 변별 자극이 '그것이 입수 가능한지 여부를 알리는' 기능을 가지고 있다고 해석하면 이해하기 쉬울지 모르겠습니다.

내 행동에 대해 어떠한 확립 조작이 어떠한 결과를 강화제나 혐오 자극으로 기능하게 하는지, 어떠한 변별 자극이 어떠한 행동을 이끌어 내는지를 알게 되면 자기 이해도 더 정확해집니다. 가족 여행 중에 도로가 정체되어 움직일 수 없게 되면(확립 조작) 상대방이 언짢은 얼굴을 하는 것이 강화제가 되어 상대방이 언짢아질 만한 말을 해 버리는 경향이 있다(행동)는 것을 알면, 아내에게 이를 알림으로써 아내의 기분이 상하지 않게 할 수 있을지도 모릅니다. 정체되어 있는 동안 좋아하는 음악이나 라디오를 들으며 강화제를 출현시켜 공격 행동의 빈도를 낮추는 예방책도 생각해 볼 수 있습니다. '정체 구간입니다'라는 내비게이션의 안내를 변별 자극으로 하여 휴게소에서 쉰다거나 운전을 교대하자고 미리 약속하는 것도 좋은 방법일지 모릅니다(규칙 지배 행동).

어떤 행동이 늘어나고 줄어드는가

어떤 행동이 늘어나고(강화) 줄어드는(약화)가. 그 이유가 되는 행동 수반성을 분류해 보겠습니다.

수반성에는 '기본형'과 '저지형' 두 가지가 있는데, 각각 4종류씩 합계 8종류로 분류할 수 있습니다. 결과가 되는 강화제 또는 혐오 자극이 무엇인지와 환경이 어떻게 변화하는지(출현이냐 소실이냐, 출현 저지냐 소실 저지냐) 그리고 행동이 변화하는 방향(증가냐 감소냐)을 생각합니다.

표 2-1과 표 2-2를 보시면 알기 쉽습니다. ( ) 안의 화살표는 그 수반성으로 행동 빈도가 늘어나는지(↑ 강화) 줄어드는지(↓ 약화)를 보여 줍니다.

기본형(표 2-1)은 아래의 두 가지 조건을 조합한 4종류입니다.

① 행동에 따라 변화하는 것은 강화제인가, 혐오 자극인가?
② 이 강화제 혹은 혐오 자극이 출현하는가, 소실되는가?

한편, 저지형(표 2-2)은 강화제나 혐오 자극이 행동과는 무관하게 출현하거나 소실될 때 행동을 함으로써 이 출현이나 소실이 일시적으로 중단되는 수반성입니다. 아래 두 가지 조건을 조합한 4종류입니다.

	강화제가	혐오 자극이
출현한다	① 강화제 출현으로 인한 강화(↑)	③ 혐오 자극 출현으로 인한 약화(↓)
소실된다	② 강화제 소실로 인한 약화(↓)	④ 혐오 자극 소실로 인한 강화(↑)

표 2-1 행동 수반성의 기본형

	강화제가	혐오 자극이
출현을 저지한다	⑤ 강화제 출현 저지로 인한 약화(↓)	⑦ 혐오 자극 출현 저지로 인한 강화(↑)
소실을 저지한다	⑥ 강화제 소실 저지로 인한 강화(↑)	⑧ 혐오 자극 소실 저지로 인한 약화(↓)

표 2-2 행동 수반성의 저지형

① 행동에 따라 변화하는 것은 강화제인가, 혐오 자극인가?

② 이 강화제 혹은 혐오 자극이 출현하는 것을 저지하는가, 소실되는 것을 저지하는가?

행동과 결과의 관계성

나 자신 실험의 대상이 되기도 하는 수반성의 예를 아래에 써 보았습니다. 각각 표 2-1, 표 2-2와 대응합니다.

① 강화제 출현으로 인한 강화
'그만둘 수 없다, 멈출 수 없다'의 예: 과자를 '먹으면'(행동) 짭짤하거나 바삭바삭한 '식감이 들어'(강화제 출현) 또 먹는다.

② 강화제 소실로 인한 약화
'바빠서 못한다'의 예: 자격시험 '공부를 하면'(행동) 그 시간 동안 취미인 기타를 치거나 드라마를 볼 '시간을 뺏겨서'(강화제 소실) 공부를 하지 않게 된다.

③ 혐오 자극 출현으로 인한 약화
'괴로워서 못 한다'의 예: 공원에서 '조깅을 하니'(행동) 무릎이 '아팠다'(혐오 자극 출현). 무릎이 나아도 조깅을 하지 않았다.

④ 혐오 자극 소실로 인한 강화
'무심코 해 버린다'의 예: 방 정리가 안 되었다고 아내가 잔소리를 하면 '버럭 소리를 질러 버린다'(행동). 아내도 순간적으로 기가 꺾여

'잔소리를 하지 않게 된다'(혐오 자극 소실). 다음에 잔소리를 하면 또 소리를 질러 버린다.

⑤ 강화제 출현 저지로 인한 약화

'소심해서 못 한다'의 예: 좋아하는 여자아이와 식사를 하는 중에 웃는 얼굴로 말을 거는 그녀에게 다음 단계로 넘어가기 위한 '발언을 하면'(행동) 그녀가 '말을 걸지 않게 된다'(강화제 출현 저지). 그래서 본격적인 이야기를 할 수 없다.

⑥ 강화제 소실 저지로 인한 강화

'안절부절못한다'의 예: 스파이더맨 피규어를 모으고 있다. 한정판이 발매될 때마다 '다 팔리기 전에'(강화제 소실 저지) 구입하려고 매번 밤을 새워서 '가게 앞에 줄을 선다'(행동).

⑦ 혐오 자극 출현 저지로 인한 강화

'기가 센 척 하기'의 예: 남이 결점을 지적하기 전에(혐오 자극 출현 저지) 남의 결점을 철저하게 '지적한다'(행동).

⑧ 혐오 자극 소실 저지로 인한 약화

'그 한발을 내딛지 못한다'의 예: 까다로운 상사가 주재하는 험악한 분위기의 회의. 부하도 의기소침해 있기에 회의 진행 방식에 대해 제

언을 하려고 하지만 '무언가 발언하면'(행동) 그에 대한 불평이 끝없이 이어지는 바람에 '회의가 끝나지 않아'(혐오 자극 소실 저지) 다음부터는 발언하지 않게 된다.

8종류의 행동 수반성을 나누는 것은 행동과 결과 사이의 관계성입니다. 그리고 이 관계성이 없어지면 행동 빈도는 원래대로 돌아갑니다.

즉 강화제 출현으로 강화된 행동의 경우, 같은 행동을 해도 강화제가 출현하지 않게 되면 유발되지 않게 됩니다. 강화제가 행동과는 관계없이 출현하게 되어도 행동은 유발되지 않습니다.

강화 수반성으로 인해 증가한 행동 빈도가 강화 수반성이 없어짐으로써 감소하는 것을 '소거'라 부르고, 약화 수반성으로 인해 감소한 행동의 빈도가 약화 수반성이 없어짐으로써 증가하는 것을 '복귀'라 부릅니다.

우리는 꼭 생각하고 움직이지 않는다

행동 수반성은 행동분석학의 중핵을 이루는 개념인데, 단순해 보이지만 오해도 자주 받는 개념입니다. 여기서는 곧잘 있는 오해 몇 가지를 소개하면서 이 개념이 자기 이해에 어떻게 활용될 수 있을지를 해설하겠습니다.

행동 수반성은 '선행 조건(~할 때), 행동(~하면), 결과(~가 된다)'라는 환경과 행동의 관계성이지만, 수반성이 행동을 통제하는데 '~할 때 ~하면 ~가 된다'라고 의식할 필요는 없습니다.

냉장고 문을 열어 보리차를 꺼내서 마시는 사람이 "냉장고 손잡이를 잡아당기면 문이 열려서 보리차를 꺼낼 수 있다"라고 생각하면서 문을 열지는 않지요. 문을 여는 행동이 도출되는 이유는, 냉장고 안에 있는 먹을 것이나 마실 것에 확립 조작이 가해져문을 열면 거기서 먹을 것이나 마실 것을 얻을 수가 있었다는, 과거에 '강화된 이력'이 있기 때문입니다.

출퇴근이나 통학을 하면서 가장 가까운 역으로 향할 때에도, 익숙하게 다니던 길이면 "편의점에서 오른쪽으로 꺾어 우체국을 지난 다음 맥도날드를 왼쪽으로 꺾으면 역에 도착한다"라고 매번 외지 않더라도 길을 헤매지는 않습니다. 가는 길을 알려 주는 단서가 변별 자극으로서 보행 행동을 직접 통제하기 때문입니다.

애초에 사람을 제외한 동물들은 인간과 같은 언어 행동을 하지 않습니다. 언어를 습득하지 않은 아기도 마찬가지입니다. 하지만 동물이나 아기도 언어 행동 없이 무척 복잡한 학습을 해냅니다.

행동 수반성이 동물 행동의 상당 부분을 직접 통제하기 때문입니다.

'규칙'이라는 언어 자극

단, 언어 행동을 획득하면 언어 자극을 매개로 한 행동 통제도 가능해집니다.

오랜만에 놀러 간 친구 집에 새 냉장고가 있었다고 해 봅시다. 겉보기는 우리 집 냉장고와 다르지 않습니다. 친구가 "시원한 보리차 있으니까 마셔"라고 하기에 냉장고를 열려고 문 왼쪽을 잡아당겨 보지만 열리지 않습니다. 문을 잘 보니 손잡이가 없습니다. "뭐지, 이게? 어떻게 하면 열리지?"라고 자문할지도 모르겠습니다. 아무 생각도 없이 한번 더 문을 잡아당겼다 밀었다 할지도 모릅니다. 그러다 "혹시 반대쪽으로 열리나?"라고 생각하면서 문 오른쪽을 잡아당겨 보니 아아, 열렸습니다. '강화'입니다. 보리차를 마시고, 잠시 후에 한 잔 더 마시고 싶어 냉장고 앞에 서서 이번에는 "맞다, 이 냉장고는 오른쪽을 잡아당기는 거지"라고 중얼거릴지도 모르지요. 그리고 오른쪽을 잡아당겨서 문을 열고 시원한 보리차를 꺼내면 또 '강화'입니다.

손동작이 충분히 발달한 원숭이나 침팬지가 같은 상황에 처하면, 문 이쪽저쪽을 잡아당기고 밀고 두드리는 등 시행착오를 하다 머지않아 문 오른쪽을 잡아당겨 안에 든 물건을 꺼낼 수 있을지도 모릅니다.

즉 이는 언어 행동이 매개가 되지 않아도 극복할 수 있는 학습 과제입니다. 사람과 사람이 아닌 동물 사이에 큰 차이가 없다는 말이지요. 커다란 차이는 그 뒤에 생깁니다.

당신은 이 친구 집에 아들을 데리고 와 있었습니다. 대화에 열중하다 보니 목이 말라서 세 잔째는 아들에게 심부름을 시킵니다. 당신이 아들에게 아무 말도 하지 않으면 아들도 시행착오를 하겠지만, "이 냉장고는 문 오른쪽을 잡아당기는 거야"라고 가르쳐 줄 수도 있습니다. 후자를 선택한 경우 아들은 시행착오를 하지 않고 처음부터 냉장고 문을 열 수 있겠지요. 이 경우 문을 여는 아들의 행동을 통제하는 것은 수반성이 아니라 당신의 '가르침'이라는 형태를 띤 언어 자극입니다. 언어 자극이란 언어 행동이 만들어 내는 자극을 말하는데, 그 가운데서도 수반성을 기술한 언어 행동이 만들어 내는 자극을 '규칙'이라고 부릅니다.

언어 행동이 끼어들지 않고 수반성이 직접 행동을 강화하여 학습되고 유지되는 행동을 '수반성 형성 행동'이라고 합니다. 이에 반해 지시나 가르침, 매뉴얼이나 가이드북 등에 적혀 있는 규칙에 따라 유발되고 유지되는 행동을 '규칙 지배 행동'이라고 합니다.

진화 과정에서 언어 행동과 규칙 지배 행동이라는 통제 방법을 획득함으로써 인류는 커다란 진보를 이루었습니다. 누군가가 시행착오로 발견한 규칙이 공유된 덕분에 다음 사람은 불필요한 시행착오를 하지 않고도 위험을 회피할 수 있게 됐지요.

그만둘 수 없는 행동의 배경

수반성이 직접 행동을 통제하는 수반성 형성 행동의 경우, 행동한 직후에 결과가 변화할 필요가 있습니다. '직후'란 거의 몇 초를 말합니다.

동물을 피험체로 한 실험에서는 달리 아무런 자극이 없는 상황이라면 행동에서 60초 정도 경과한 뒤에 출현한 강화제라도 간신히 행동을 강화할 수 있다는 보고도 있습니다.

그래서 우리는 이를 '60초 원칙'이라 명명하여 수반성 형성 행동과 규칙 지배 행동을 구별하는 단서로 씁니다(다른 책에서는 60초 규칙이라고 표기했는데, 앞서 나온 규칙 지배 행동의 규칙과 곧잘 혼동되기 때문에 이 책에서는 60초 원칙이라고 표기합니다).

행동에서 60초 넘게 지연되고 나서 결과가 나타나거나 소실된다면, 이 수반성에는 행동을 직접 통제하는 효과가 없습니다. 그래도 행동이 변용했다면 규칙 지배 등 이를 통제하는 다른 통제 변인을 조사해 볼 필요가 있습니다.

규칙을 매개로 하여 간접적으로 행동을 통제하는 수반성을 '유사 강화'나 '유사 약화'라 부릅니다.

'유사'를 붙여 강화나 약화와 구별하는 이유는 통제 변인이 다르기 때문입니다. 통제 변인이 다르면 행동을 바꾸는 방법도 달라집니다. 행동을 바꾸려면 통제 변인을 정확하게 알아내는 것이 필수적입니다.

　규칙이 있어도 행동이 통제되지 않거나 통제되기 어려울 때도 있습니다. 행동 경제학자인 대니얼 길버트는 "인간은 미래에 대해 생각하는 유일한 동물이다"라고 합니다(《행복에 걸려 비틀거리다》). 언어 행동 그리고 규칙 지배 행동이라는 통제 시스템이 이 차이를 만들었습니다. 하지만 이것도 완전하지는 않습니다.

　하고 싶은 일을 좀처럼 할 수 없다거나 그만두고 싶은데 좀처럼 그만둘 수 없는 등 행동 문제의 배경에는 규칙으로는 통제하기 어려운 수반성이 존재합니다. 나 자신 실험에서는 이러한 수반성을 구별해 내는 것이 유효한 개입(해결책)을 계획하는 데 결정타가 되기도 합니다.

작은 행동 하나하나의 힘

빈 깡통을 쓰레기통에 넣으면 500엔을 받을 수 있다는 수반성을 생각해 봅시다. 앉아서 하는 사고 실험입니다.

　아이가 빈 깡통 하나를 쓰레기통에 넣는 순간 '삐' 하는 벨소리와 함께 쓰레기통 뒤에서 500엔이 튀어 나왔습니다. 아이가 신기하다는 얼굴로 주머니에 집어넣습니다. 정직한 여러분이라면 경찰에 신고할지도 모르지만, 그 문제는 일단 놔 둡시다. 깡통을 하나 더 넣으니 또 500엔 동전이 튀어 나옵니다. 손에는 이제 빈 깡통이 없습니다. 아이는 주변을 살피며 빈 깡통을 찾기 시작했습니다.

이 아이의 행동은 수반성 형성 행동입니다. 500엔 동전이라는 강화제가 출현하여 행동을 직접 강화한 것입니다. 500엔 동전을 간식으로 바꾸거나 500엔 동전을 비스킷이나 바나나로 교환할 수 있게끔 하면 개나 침팬지도 똑같은 학습이 가능합니다.

시간을 지연시켜 봅시다.

다른 아이가 빈 깡통을 하나 쓰레기통에 넣고 나서 딱 24시간 뒤에 500엔 동전이 그 아이 머리 위에 떨어집니다. 아이는 좋아하며 500엔을 주머니에 넣습니다. 과연 이 수반성은 아이의 행동을 강화할까요?

아마도 무리일 것입니다. 빈 깡통을 쓰레기통에 넣는 행동은 강화할 수 없습니다. 개나 침팬지일 경우에도 마찬가지입니다. 수반성이 행동을 직접 통제하기에 24시간이라는 지연은 지나치게 깁니다. 500엔 동전이 머리 위에서 떨어지기 직전에 다른 행동을 했다면 이를 반복해 볼 수도 있지만, 그 행동에는 수반성이 없으므로 곧장 소거됩니다.

이번에는 아이에게 규칙을 가르쳐 줍시다. "이 쓰레기통에 빈 깡통을 하나 넣으면 24시간 뒤에 500엔을 받을 수 있어"라고요. 아이는 빈 깡통을 찾아서 쓰레기통에 부지런히 집어넣겠지요. 아이의 이 행동은 규칙 지배 행동입니다. 500엔이라는 강화제가 출현하여 행동을 강화한 것처럼 보이지만 유사 강화입니다.

안됐지만 개나 침팬지에게는 같은 식으로 규칙을 가르쳐 줄 수가 없습니다. 빈 깡통을 넣을 때마다 포커 칩을 하나씩 주어 모인 포커 칩을 24시간 뒤에 비스킷이나 바나나로 교환하도록 가르치면 가능할지도 모릅니다. 다만 이렇게 되면 행동 직후에 출현하는 포커 칩이 행동을 강화한 것이니 규칙 지배 행동이 아니지요.

사고 실험을 계속해 볼까요.

아이에게 새로운 규칙을 가르쳐 줍니다. "이 쓰레기통에 빈 깡통을 하나 넣을 때마다 거리가 조금씩 깨끗해진단다." 지구 온난화 문제에 관심이 있는 아이라면 "이 쓰레기통에 빈 깡통을 하나씩 넣을 때마다 재활용돼서 CO_2가 조금씩 줄어든단다"라고 말해도 되겠지요.

이 아이가 거리나 지구를 아무리 사랑해도 이 규칙으로 행동을 계속 통제하기는 어렵습니다. 빈 깡통을 회수하는 행동과 거리 미화나 CO_2 삭감에는 수반 관계가 없습니다. 규칙을 전달하면 혹 몇 번쯤은 행동이 유발될지도 모릅니다. 하지만 계속되느냐고 한다면 비관적입니다. 아니면 벌써 온 거리에서 빈 깡통이 다 사라졌겠지요.

하고 싶은데 좀처럼 할 수 없다, 알면서도 그만둘 수 없다. 이러한 행동 문제의 배경에는 규칙이 있어도 행동을 통제할 수 없는 수반성이 숨어 있습니다. 지구 온난화의 예는 '티끌 모아 태산'형 수반성입니다.

하나하나의 행동 직후에는 눈에 보이는 변화가 없습니다. 행동이 모이다 보면 최종적으로 중대한 결과가 발생합니다. 과자를 계속 먹다 대사 증후군이 되는 것도 마찬가지입니다. 아이의 예에서알 수 있듯 이러한 수반성이 행동을 통제할 수 없는 이유는 60초원칙을 깼기 때문이 아닙니다. 규칙이 있으면 지연을 극복할 수있기 때문입니다. 행동을 통제할 수 없는 이유는 티끌이 모여 태산이 되는 형태의 수반성으로는 규칙에 따르지 않는 것이 충분한혐오 자극이 되지 않기 때문입니다.

"나 하나가 빈 깡통을 재활용한들 뭐가 되겠어?" "한 입쯤이라면 먹어도 문제없을 거야." 하고 싶은데 할 수 없거나 그만두고 싶은데 그만두지 못할 때, 우리는 이러한 변명을 하게 마련입니다.이러한 변명(행동)은 규칙에 따르지 않음으로써 희미하게 생겨나는 불안이나 죄책감 같은 기분을 줄임으로써 강화되는지도 모르지요.

효과가 없는 수반성에는 또 '천재지변은 잊고 있을 때 찾아온다'형이 있습니다.

컴퓨터로 일을 할 때에는 작성한 파일을 백업해 두는 것이 필수적입니다. 하지만 백업을 하는 행동은 잘 유지되지 않습니다. 컴퓨터가 망가져서 파일을 잃어버리는 사고가 일어날 확률이 낮기때문입니다. 요즘 스마트폰을 보면서 걷는 '보행 중 스마트폰'이 문제입니다. 다른 사람과 부딪쳐서 피해를 줄 뿐 아니라 전차 플랫폼에서 떨어지기도 하는 위험한 행동입니다. 이것도 사고나 부상 같은 중대한 결과가 일어나는데도 이를 기술한 규칙이 행동을 통제하지 못하는 예입니다. 지연 때문이 아닙니다. 낮은 확률이 원인입니다.

'티끌 모아 태산'형 수반성과 '천재지변은 잊고 있을 때 찾아온다'형 수반성은 필요한 행동을 연기하고 미루게 합니다. 이러한 경우에는 행동을 통제하지 못하는 수반성을 보완하는 효과적인 수반성을 개입으로 설정해, 규칙에 따르지 않을 때 불안이나 죄책감을 충분히 느끼게 하고(확립 조작) 이를 감소시키거나 소실시킴으로써 규칙에 따르는 행동을 강화할 필요가 있습니다.

매슬로의 욕구 단계를 다시 보면 알 수 있듯 단계가 올라갈수록 행동을 통제하기 어려운 수반성이 관여합니다. 다른 사람들에게 친절하게 대하는 등의 대인 행동은 '티끌 모아 태산'형과 관련 있습니다. 인간관계를 쌓으려면 인사 한 번 하고 말 한 번 건네는 것이 아니라 줄곧 배려를 계속할 필요가 있기 때문입니다. 창조성은 '천재지변은 잊고 있을 때 찾아온다'형과 관련 있습니다. 혁신적인 발상이나 발명이 태어날 확률은 무척 낮기 때문입니다. 즉 사람이 사람답게 살고 가지고 있는 능력을 최대한 발휘하려면 이러한 비효율적인 수반성에 맞설 대책이 필요하다는 말입니다.

매슬로가 살던 시대에는 우연히 운이 좋았던 사람이 자기실현

을 할 수 있었다고도 할 수 있습니다. 심리학, 행동분석학 연구가
발달하여 나 자신 실험의 방법론이 개발된 지금, 누구나가 자기실
현을 할 수 있는 시대가 왔다고 해도 과언이 아닙니다.

고부쿠로 듀오의 노래처럼 꿈을 이루는 가장 좋은 방법은 꿈이
이루어질 때까지 계속하는 것입니다. 그러기 위해서는 '티끌 모아
태산'형의 수반성을 이겨 내야만 하는데 그 방법도 조금씩 알아
가고 있고, 또 이를 스스로 발견하는 것이 나 자신 실험입니다.

행동분석학이 자주 받는 오해

강화제는 포상인 '당근'이고 혐오 자극은 벌인 '채찍'이다. 그러므
로 행동분석학은 '당근과 채찍'의 학문이다. 이렇게 파악하는 사
람도 있지만 이는 크나큰 오해입니다.

마실 것이나 먹을 것, 돈이나 칭찬이 강화제로 기능하는 경우가
확실히 많기는 합니다. 폭력이나 폭언이 혐오 자극으로 기능하는
것도 분명합니다. 행동분석학을 배운 사람이 이러한 강화제나 혐
오 자극을 써서 행동을 바꾸려 할 때도 있겠지요.

하지만 우선 강화제나 혐오 자극으로 기능하는 사건은 당근이
나 채찍만이 아닙니다. 더운 날에 일하고 돌아와서 에어컨을 켜는
행동은 냉풍으로 강화됩니다. 방이 어두울 때에 조명을 켜는 행동
은 밝아짐으로써 강화됩니다. 지독한 두통이 진통제를 먹는 행동

으로 나아지는 것도 강화입니다. '당근과 채찍'이라고 비유적으로 이해하는 것이 부자연스러운 강화제나 혐오 자극은 얼마든지 있습니다.

매슬로의 욕구 단계설에 따라 해설했듯 음식이나 통증 같은 생득성 강화제나 혐오 자극은 행동을 통제하는 자극이나 사건의 극히 일부에 지나지 않습니다. 다른 사람에게 인정받는 것, 사랑 받는 것, 승부에서 이기고 지는 것, 새로운 발견이나 완벽함, 차별이나 편견 등의 사회·문화적인 가치와 관계있는 사건도 강화제나 혐오 자극으로 작용합니다.

강화제나 혐오 자극은 '좋아하는 것이나 싫어하는 것'도 아닙니다. 좋나 싫나로 정의하는 것이 아니라 행동 직후에 출현했을 때 그 행동이 장래에 일어날 빈도를 높이느냐 낮추느냐로 정의합니다. 강화제나 혐오 자극은 '물건'이 아니라 행동에 대한 '기능'입니다.

행동분석학은 행동의 통제 변인을 발견하는 학문이기 때문에 다른 심리학보다 행동을 바꾸기 위한 기술 개발에 능합니다. 이를 전문으로 하는 응용 행동분석학이라는 영역까지 있을 정도입니다. 그런 한편 기초 연구를 통해 행동의 법칙을 발견하는 데에 매진하는 실험 행동분석학이나 실증 연구를 하기가 기술적으로 어려운 주제를 행동의 법칙으로 추론하는 이론 행동분석학도 있습니다. 행동분석학의 전문가가 모두 누군가의 행동을 바꾸려고 하는 것은 아닙니다.

누군가가 누군가의 행동을 바꾸려고 하는 장면이 아니어도 수반성을 통한 통제는 작용합니다. 에어컨이나 조명을 켜는 행동이나 진통제를 먹는 행동은 작은 예일 뿐입니다. 우리의 행동은 거기에 우리 행동을 통제하려고 하는 누군가가 있든 없든 상관없이 자연스럽게 통제를 받습니다.

뿐만 아니라 거기에 누군가가 있고 그 사람의 행동이 통제 변인의 일부가 될지라도 그것이 반드시 '당근과 채찍'이라는 법은 없습니다.

아기가 눈을 쳐다보면 누구라도 미소를 짓곤 하지요. 이렇게 웃어 주는 것은 아기가 타자를 보는 행동을 강화합니다. 이를 보고 어른이 미소를 '당근'으로 써서 아기에게 눈 맞추기를 가르쳤다고 하는 사람은 없겠지요. 텔레비전의 축구 중계를 함께 보던 친구가 "혼다의 패스, 정말 날카롭지 않냐"라고 말하고 또 다른 친구가 "그러게, 위험한데"라고 말했다고 합시다. 이러한 대화를 계기로 관전을 하면서 말을 하는 빈도가 늘었다고 해서 이를 '당근'에 의한 조작이라고 표현하는 사람은 역시 적을 테지요.

'당근과 채찍'이라는 비유가 들어맞는 것은 행동분석학이 하고 있는 일 그리고 할 수 있는 일의 극히 일부입니다. 행동의 법칙은 물리학 법칙과 마찬가지로 자연스럽게 일어나는 행동을 학자가 체계적으로 정리한 것입니다. 중력이나 원심력이 그렇듯 행동의 법칙도 학자가 발견하기 훨씬 전부터 존재했고, 우리의 행동을 우리가 모르는 사이에 통제하고 있었습니다.

행동분석학은 눈에 보이는 행동을 표면적으로만 다루는 심리학이라고 비판하는 사람도 있는데 이것도 오해입니다. 물론 이 책에서 다루는 목표 행동 대부분은 눈에 보이는 행동입니다. 하지만 행동분석학이 관심을 갖고 탐구하는 것은 행동 자체가 아닙니다. 수반성 즉 행동과 환경의 관계성, 그리고 이것이 행동에 미치는 영향입니다.

생텍쥐페리가 《어린 왕자》에서 이야기하듯 중요한 것은 눈에 보이지 않습니다. 행동에는 눈에 보이는 것도 있고 눈에 보이지 않는 것도 있지만, 중요한 것은 그 기능입니다. 기능은 그대로는 눈에 보이지 않습니다. 그렇기 때문에 수반성 다이어그램을 그려서 통제 변인을 추정하기도 하고, 환경을 바꾸어 이것이 행동에 미치는 영향을 그래프로 시각화하기도 합니다.

행동분석학 그리고 나 자신 실험은 환경과 행동의 관계성이라는 눈에 보이지 않는 중요한 것이 눈에 보이게 해 주는 방법론이라고도 할 수 있습니다.

커다란 건물을 세우거나 우주 로켓으로 대기권을 돌파하려고 하면 중력이나 원심력의 법칙을 써야 하듯, 행동 문제를 해결하거나 목표를 달성하기 위해 행동의 법칙을 써서 내 행동의 기능을 찾고 바꿔 봅시다. 이것이 나 자신 실험입니다.

내 버릇은 나만이 고친다

누구나 할 수 있는 '나 자신 실험'

3장에서는 제 수업에서 나 자신 실험을 한 두 학생의 사례를 소개합니다. 각각 자신의 주제를 정해 행동분석학에 대해 배우면서 나 자신 실험에 도전한 이야기입니다. 나 자신 실험이란 무엇인지를 직감적으로 이해하실 수 있을 것입니다.

　서문에 쓴 내용을 보고 이 장부터 먼저 읽기 시작하는 독자도 계시겠지요. 전문 용어는 건너뛰어도 상관없지만 간단한 해설을 붙여 놓았으니 참고하시기 바랍니다.

나 자신 실험의 용어

수반성

어떤 행동을 한 직후에 환경이 변하면 이 변화 때문에 같은 행동이 앞으로도 반복되거나 반복되지 않는 경우가 있는데, 이러한 행동과 환경 변화의 관계를 '행동 수반성'이라 부른다. (52쪽 참조)

유발하다

이 책에서는 행동이 일어나는 것. (62쪽 참조)

강화제

행동 직후에 나타나 그 행동이 일어나는 빈도를 높이는 사건이나 조건. (53쪽 참조)

혐오 자극

행동 직후에 나타나 그 행동이 일어나는 빈도를 낮추는 행동이나 조건. (53쪽 참조)

목표 행동

바꾸고자 하는 행동. (83쪽 참조)

통제 변인

행동을 늘리거나 줄이는 요인. 여러 개 있으면 '다중 통제'. (27쪽 참조)

강화 수반성

행동 빈도를 늘리는 수반성. (55쪽 참조)

약화 수반성

행동 빈도를 줄이는 수반성. (57쪽 참조)

소거

강화 수반성이 없어짐으로써 행동이 감소하는 것. (70쪽 참조)

복귀

약화 수반성이 없어짐으로써 행동이 증가하는 것. (70쪽 참조)

개입

행동을 바꾸기 위한 해결책. (75쪽 참조)

규칙

행동 수반성을 기술한 언어 자극. (73쪽 참조)

규칙 지배 행동

지시나 가르침 등의 규칙에 따라 유발되고 유지되는 행동. (73쪽 참조)

수반성 형성 행동

규칙을 개재하지 않고 수반성에 의해 직접 통제되는 행동. (73쪽 참조)

유사

수반성에 의해 직접 강화된 것처럼 보이는 '유사 강화'와 약화된 것처럼 보이는 '유사 약화'가 있다. 그렇게 보이지만 강화되거나 약화된 것이 아니라 규칙 지배 행동이다. (74쪽 참조)

60초 원칙

행동하고 나서 60초 이상이 지나 출현하거나 소실되는 강화제나 혐오 자극은 행동을 강화하거나 약화하지 않는다. 수반성 형성 행동과 규칙 지배 행동에 의한 유사 강화, 유사 약화 등을 구별하는 단서가 된다. (74쪽 참조)

죽은 사람 테스트

목표 행동을 적절히 정의했는지를 판단하는 방법. 행동분석학이 대상으로 삼는 행동이란 죽은 사람은 할 수 없는 일이다. 따라서 술을 자제한다, 험담을 하지 않는다 등은 목표 행동으로서는 '부적절'하다.

(48쪽 참조)

ABC 분석
행동과 환경 변화의 관계를 선행 조건(Antecedents), 행동(Beha
-vior), 결과(Consequences)로 나누어 행동을 통제하는 수반성을
도출하는 것. (52쪽 참조)

확립 조작
어떤 사건이 강화제나 혐오 자극으로서 갖는 효과를 증감시키는 선
행 조건. 당분간 물을 마시지 않았기 때문에(확립 조작) 물을 요구하
는(행동) 등, 그것을 원하게 하는 기능을 갖는다. (55쪽 참조)

변별 자극
그 자극이 제시되어 있을 때가 제시되지 않을 때보다 결과가 출현할
확률이 높아지는 선행 조건. 이것이 입수 가능한지 아닌지를 알리는
기능을 갖는다. (64쪽 참조)

순환론
설명하려고 하는 대상을 설명의 근거로 삼는 오류. 가령 스포츠 대회
에서 활약하는 것은 구기에 재능이 있어서, 노래방에서 음정을 틀리
는 것은 음치라서, 늘 웃는 얼굴인 것은 성격이 밝아서 등. (39쪽 참조)

'티끌 모아 태산'형 수반성

한두 번으로는 눈에 보이는 변화가 나타나지 않고 행동이 축적됨으로써 비로소 강화제나 혐오 자극이 나타나는 수반성은 이를 기술한 규칙이 있어도 행동을 통제하기 어렵다. (77쪽 참조)

'천재지변은 잊고 있을 때 찾아온다'형 수반성

강화제나 혐오 자극이 나타날 확률이 낮은 수반성은 이를 기술한 규칙이 있어도 행동을 통제하기 어렵다. (78쪽 참조)

나 자신 실험은 학자가 논문을 쓰기 위해 많은 사람들에게 하는, 많은 사람들에게는 남의 일인 연구가 아닙니다. 몇 가지를 잘 배워 두면 누구나 할 수 있는 연구입니다. 게다가 실험에 참여하는 본인에게 가장 의미가 있는 연구입니다. 그런 만큼 타인의 나 자신 실험은 내게는 남의 일로 여겨지기 쉽습니다. 다이어트에 관심이 없는 사람은 간식 줄이기가 주제인 나 자신 실험에는 흥미를 품기 어려울 수도 있고, 사회인에게는 학생이 한 나 자신 실험이 쓸모없이 느껴질 수도 있습니다.

그런데 이것이 함정입니다. 대상이 되는 목표 행동을 정하는 방법이나 측정 방법, 늘리고 싶은 행동이 늘지 않고 줄이고 싶은 행동이 줄지 않은 원인을 추정하는 방법, 행동 문제를 해결하고 목표를 달성하기 위한 개입을 계획하는 방법이나 그 효과를 평가하는 절차 등등, 타인의 나 자신 실험에서 배울 내용은 산더미 같습니다.

나와는 상관없다고 단정하기 전에 내 행동에 어떻게 적용할 수 있을지 생각하면서 읽어 주세요.

정리를 못하는 여자

나는 지금까지 한 번도 남자 친구를 방에 들인 적이 없다.

데이트는 외출을 하거나 그의 아파트에서. 아버지가 엄하기 때문이라고 그에게는 변명하지만 실은 거짓말이다. 아빠는 내 응석을 너무 받아 줘서 늘 엄마에게 혼이 난다.

엄마에게 혼나는 것은 나도 마찬가지다. 현관에는 구두가 몇 켤레씩 나와 있고 옷을 벗으면 그대로 바닥에 둔다. 방 안은 옷이나 패션 잡지, 먹다 남은 감자 칩이나 마시던 페트병, 액세서리나 화장품 샘플 등으로 바닥이 보이지 않는다. 엄마도 방 안에 대해서는 이미 포기했는지 이제 아무 말도 하지 않는다. 옛날에는 다 치워 주셨는데.

텔레비전 방송에서 '정리를 못하는 여자' 특집을 보고 덜컹했다. 이거 내 이야기?

ADHD(주의력 결핍 과잉 행동 장애)라는 장애가 있다고 한다. 발달 장애는 애들만 걸리는 게 아니구나. 인터넷에서 검색해서 찾아낸 진단 체크 리스트를 슬쩍 해 보았더니, 아무리 해도 장애까지는 아닌 것 같아서 조금 안심했다.

하지만 이대로는 안 되겠다는 생각이 들어 대학의 '행동분석학'이라는 수업에서 정리 정돈을 잘하는 여자가 되기 위한 프로젝트를 하기로 했다.

처음에 선생님이 '정리한다'를 과제로 분석하라고 하셨다. '정리한다'가 '정리한다'지, 이 이상 뭘 어떻게 분석하라고 싶었지만, 선생님이 "세탁하는 옷과 세탁하지 않는 옷은 정리할 곳이 다르지?" "잡지나 화장품도 놓는 곳이 다르고 버리는 것과 버리지 않는 것도 갈 곳이 다를 텐데"라고 하셔서 어떻게 이해가 좀 됐다. 확실히 정리하는 데에도 여러 가지가 있다.

비디오클립 법을 써서 늘리고 싶은 행동을 하고 있는 모습을 머릿속에서 떠올려 보라고 해서 처음에는 당황했다. 글쎄, 지금까지 한 적이 없는 행동을 어떻게 떠올리라는 거지?

그랬더니 선생님이 내가 정리하는 모습을 떠올리기가 어렵다면 가족이나 친구든, 드라마나 영화 속 장면이든 상관없으니까 비슷한 상황에서 정리를 하는 사람을 떠올리라고 하셨다. 그래도 어렵다면 정리를 잘하는 친구를 불러서 방을 정리해 달라고 하고 그 모습을 관찰하면 좋다고도 하셨다.

친구를 부르기는 부끄러워서 엄마가 방을 치우는 모습을 상상해 보기로 했다. 엄마는 나와는 달리 정리 정돈을 잘하고 또 무척 좋아한다. 마쓰이 가즈요* 같아서 평소에는 좀 성가셨지만 과제로서 이 방법은 잘 통했다.

게다가 해 보니 잘 알 수 있었다. 벗은 옷 중에 세탁을 할 것은 1층 욕실까지 가지고 가야 하지만, 재킷 같은 것은 옷걸이에 걸어 옷장에 넣어야 한다. 잡지나 화장품은 읽거나 화장하는 데 쓴 뒤에 원래 있던 자리에 놓아야 하는데, 공상 속의 엄마도 어쩔 줄 몰랐다. 그도 그럴 것이 책장이나 화장대에 물건이 가득해서 잡지나 화장품의 원래 자리가 애초에 없으니까.

정리하는 행동에도 여러 가지가 있고 정리를 못하는 이유도 각각 다르구나.

이럭저럭하는 사이에 베이스라인(4장 참조)을 측정하게 됐다. 이것도 처음에는 감이 안 잡혔던 말 중 하나다. 뭐야, 야구 이야긴가 하는 느낌. 늘리고 싶은 행동이 어느 정도로 이루어지고 있는지를 재는 거라나. 현재 상황을 정확히 파악하기 위해서라고 한다.

목표 행동 빈도를 측정한다는 말인데, 이런저런 정리 행동의 숫자를 매일 세라고? 너무 힘들지 않을까? 감자 칩 봉지를 쓰레기통에 넣으면 1이고 페트병을 쓰레기통에 넣으면 2란 말이야? 하지만 그렇게 해서 쓰레기가 없어지면 버릴 게 없어지니까 목표 행동은 늘어나기보다는 줄어들지 않나? 벗은 옷을 욕실에 가지고 갈

---

* 일본의 배우로 독자적인 청소법을 고안한 책을 쓰기도 하고 청소 도구를 개발하기도 하였다

때도 속옷이나 티셔츠를 한 번에 가지고 가면 몇 개로 세지? 한 번이니까 1? 3벌 가지고 가면 한 번이라도 3?

이 수업은 수강생이 70명 정도인데, 한 팀에 5, 6명으로 이루어진 팀으로 나눠서 들입다 실습을 시킨다. 그래서 팀 실습 때 이 이야기를 주절주절 늘어놓았더니 같은 팀 남학생(미안, 이름을 잊어버렸다)이 행동을 측정하지 말고 퍼포먼스를 측정하면 어떠냐고 했다. 퍼포먼스는 행동 뒤에 남는 것을 말한다고. '소산'이라고도 하는 모양이다.

이 남학생은 휴대폰에 온 메시지에 답장을 쓰는 것을 목표 행동으로 정했다고 한다. 그래서 메시지를 치거나 송신하는 행동을 그때그때 세는 것이 아니라 하루가 끝날 즈음에 휴대전화 이력 화면을 보고 송신한 메시지 건수를 센다고. 똑똑한데.

나도 퍼포먼스를 측정하기로 하고 살짝 응용을 해 보았다. 쓰레기통에 버린 쓰레기 수나 욕실에 운반한 옷 수가 아니라 방에 어질러져 있던 옷 수를 세기로 했다. 단, 침대 위나 책상, 옷장, 책장은 제외하기로 했다. 쓰레기도 이번에는 제외. 세는 것도 꽤나 수고와 시간이 드니까 측정하는 행동이 지속되게끔 가능한 한 간단히 하는 편이 좋다는 선생님 이야기를 참고했지.

그래도 처음에는 고생이었다. 세어 봤더니 25벌이나 있었다.

이 숫자에는 경악했다. 너무 경악해서 당장 정리하고 싶었지만 처음에는 베이스라인을 측정하기만 하고 정리하는 행동을 늘리기 위한 해결책(전문적으로는 '개입'이라고 한다나)은 도입하지 말라고 했기 때문에 스트레스를 느끼면서도 매일 세었다.

이런 스트레스가 있다고 했더니 베이스라인이란 '아무 것도 하시 말라'는 말이 아니라 평소대로 하는 상태를 측정하는 것이니 정리하고 싶으면 정리해도 된다고 선생님이 말씀하셨다. 착각하고 있었다. 이런 건 미리 좀 알려 주지.

그날 수업이 끝난 뒤에 당장 집에 돌아가 정리를 했다. 쓰레기는 전부 버리고 세탁물도 욕실에 가지고 갔다. 그래서 단번에 6벌로 줄어들었다. 뭐야, 간단하잖아. 이러다가는 프로젝트가 안 되는 것 아냐, 그때는 이런 생각이 들었다.

그런데 열심히 정리를 할 수 있었던 건 그 뒤 열흘 정도. 작심삼일보다는 낫지만 동아리 활동으로 귀가가 늦어져서 피곤할 때에는 '내일 하지 뭐' 하고 방치해 버리지, 심지어는 바닥에 떨어져 있지만 않으면 괜찮다며 침대에 옷을 올려 두려는 나에게는 스스로도 질렸다. 수업에서 선생님이 "자각이나 의식 개조는 효과가 길게 가지 않아"라고 했는데 정말이었다.

바닥 위의 옷 수는 매일 아침 세어 기록 용지에 써 넣었는데, 이 것을 꺾은선 그래프로 만들었다(그림 3-1). 선생님은 손으로 그려도 된다고 했지만 기왕 하는 것 정보 수업에서 공부한 엑셀을 써 보았다. 그만큼 시간이 걸리기는 했지만.

그래프를 그려 보니 내 행동을 잘 알 수 있었다. 진실을 숨기지

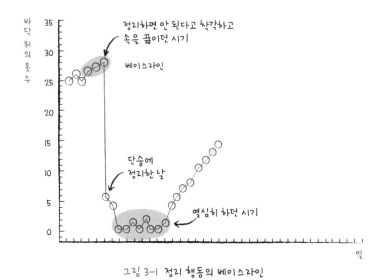

그림 3-1 정리 행동의 베이스라인

는 못하는 법임을 절실히 느꼈다. 수업에서 다음 단계로 베이스라
인 기록이나 그래프, 관찰하면서 알게 된 점 등을 바탕으로 왜 목
표 행동이 유발되지 않는지 그 원인을 추정하기로 했다. ABC 분
석이라고 해서 목표 행동이 일어나기 전과 후의 사건을 써 나가면
서 행동에 영향을 줄 법한 요인을 추리한다.

내 경우에는 기록을 하면서 알게 된 것을 확인하는 작업이었다.

예를 들어 세탁물. 나는 집에 오면 내 방에서 곧장 실내복으로
갈아입고 그대로 침대 위에서 잠시 멍하게 있는다.

여기서 바람직한 목표 행동은 벗은 옷을 세탁기가 있는 욕실 앞
으로 곧장 가져가는 것이다. 하지만 이 행동을 하면 행동 직후에

멍하게 있을 수가 없다. 목표 행동은 이 멍하게 있는 시간을 빼앗기 때문에 약화된다. 욕실 쪽으로 가지 않게 된다는 말이다.

목욕을 하는 것은 저녁을 먹은 뒤이다. 1층 거실에서 욕실로 직행하는 경우도 많지만 이 경우 2층에 올라가서 벗어 놓은 옷을 가지고 오기는 귀찮다. 이것도 약화되는 요인 중 하나다. 게다가 벗은 옷을 욕실에 가져가려 해도 벗어 던져 놓은 옷들 중에서 무엇을 가지고 가면 되는지를 알 수가 없다. 이것은 변별 자극이 불명확하다는 뜻이라고.

방에 발 디딜 곳도 없는 것은 내게도 혐오 자극인 것 같다. 그렇기 때문에 한 번에 정리하는 행동이 가능했다. 하지만 벗은 옷을 그때그때 정리하면 이런 상황까지 가지 않아도 된다. 다시 말해, 혐오 자극이 나오지 않게 회피할 수 있으니까 이 행동은 강화될 터인데, 설명이 안 되는 것 같아서 선생님에게 질문했다.

"선생님, 온 방 안에 발 디딜 곳도 없는 상황은 제게는 혐오 자극이라고 생각하는데요."

"왜 그렇게 생각하지?"

"평소에는 정리가 돼 있지 않지만 한 해에 몇 번은 마음먹고 정리를 할 때가 있어요. 베이스라인에서도 같은 일이 일어났고요. 정리되지 않은 방이 정리된 방이 됨으로써 행동이 강화되고 있다고 생각해요. 게다가 방이 정리돼 있으면 속 시원한 기분도 들어요."

"잘됐네. 방이 정리돼 있을 때와 그렇지 않을 때에 그것 말고는 행동의 차이가 없을까?"

(조금 생각하고 나서) "방에 있는 시간이 길어지는 것 같아요."

"훌륭해! 그 외에는?"

(조금 생각하고 나서) "떠오르질 않네요."

"가정법을 써볼까?"

"영어는 자신 없는데요."

"영어 같이 들리지만 영어가 아니야. 비현실적이어도 상관없으니까 만일 상황이 이렇다면(IF) 이런 행동을 할 텐데(THEN) 하고 상상해 봐."

"……."

"좋아, 견본을 하나 보여 줄게. 만일 무척 부유한 가정이라 가정부가 있어서 부탁 한마디면 곧장 방을 정리해 준다면?"

"정리해 달라고 부탁할 것 같아요."

"다시 말해 가정부에게 부탁하는 행동이 방이 정리됨으로써 강화된다는 거지."

"그런 거예요? 그렇구나. 그러면 저도 떠오르는 게 있어요. 만일 도라에몽이 있다면, 만일 마법을 쓸 수 있다면."

"그래그래, 그렇게 하면 돼. 어떤 사건이 내 행동에 영향을 주는지 안 주는지, 다시 말해 강화제나 혐오 자극으로 기능하는지 아닌지를 판단하기가 어려워지면 가정법을 쓰면 돼."

"네. 감사합니다, 선생님. 하지만 제가 여쭈어보고 싶었던 건 그게 아니에요."

"응?"

"방에 발 디딜 곳도 없는 상황이 혐오 자극이라면 그런 상황이 되지 않게끔 정리하는 행동이 매일 유발되지 않으면 이상하지 않나요?"

"아, 그거. 흠흠. 그것도 좋은 질문이야."

"어째서 정리 행동은 물건이 정리된다고 해서 강화되지 않는 거지요?"

"답은 네가 그린 행동 수반성 다이어그램(그리는 방법은 4장 참조)에 있을 듯한데. 그리고 베이스라인 데이터에도. 함께 그래프를 살펴볼까? 꺾은선이 급강하하는 곳, 이날 정리를 한 거지?"

"네."

"단번에 정리를 하기 전과 후는 그래프의 기울기가 다르네."

"맞아요. 그 전에는 착각을 하고 있어서 일부러 정리를 안 하려고 했거든요."

"경사가 다시 급해진 여기는?"

"방이 정리되고 나서 처음에는 열심히 했는데 곧 원래대로 돌아왔어요."

"그래? 그러면 단번에 정리한 직후와 그 얼마 뒤의 기울기를 비교하는 편이 공평하다고 할까, 정확하겠네. 그런데 꺾은선 기울기가 다르다는 말은?"

"정리하는 행동 빈도가 다르다는 뜻입니다."

"정답이야! 이 그림에서는 단번에 정리한 뒤에는 그날 갈아입은 옷뿐 아니라 아직 바닥에 남아 있던 옷을 정리하는 행동까지 유발되었음을 알 수 있어. 수가 줄었으니까. 하지만 그 뒤에 옷 수는 한 번도 줄지 않았으니 아마 전혀 정리를 하지 않았다는 거겠지."

"그렇습니다."(부끄러워)

"단번에 정리한 직후와 얼마 지난 뒤에 행동 수반성이 다른 것 아닐까?"

"둘 다 행동은 옷을 욕실로 옮기거나 옷장에 넣는 거고, 결과는 정리하는 건데도요?"

"비디오클립 법을 써서 떠올려 보렴. 재킷을 바닥에서 들어 올려 옷장에 넣기 직전과 직후의 바닥 모습에 초점을 맞춰서. 단번에 정리한 뒤와 평소 때는 어떻게 다르지?"

(그거 잘 못하는데) "……아, 알았어요. 단번에 정리한 뒤에는 재킷을 하나 정리하면 방은 치워진 상태인데, 평소 상황에서는 재킷을 하나 정리해도 방은 치워지지 않아요."

"바로 그거야! 한쪽은 강화지만 다른 한쪽은 소거와 한없이 가깝지. 정리하는 행동을 해도 정리가 안 되니까. 행동해도 환경이 바뀌지 않으면 행동은 일어나지 않게 돼. 한 번의 행동으로는 환경에 커다란 변화가 없고 행동을 거듭함으로써 겨우 환경이 눈에 보이게 변화한다는 의미에서는 '티끌 모아 태산'형이라고도 할 수 있어."

"겉보기에는 똑같은 행동인데 행동 수반성이 다르고 따라서 행동 빈도도 다르다는 이야기군요."

"그렇지. 아직 추정 단계이지만 이렇게 생각하면 데이터와도 앞뒤가 맞아. 행동 수반성 다이어그램도 다시 검토해 봐."

선생님과 대화한 내용을 살려서 행동 수반성 다이어그램을 다시 그려 보았다.

벗어 놓은 재킷을 옷장 안에 걸거나 티셔츠를 욕실로 가져가거나 허리띠를 서랍에 넣으려고 한다……. 여러 가지 행동을 '옷을 챙겨 넣으려고 한다'로 바꿔 보았다. 처음에는 '옷을 챙겨 넣는다'로 했지만, 허리띠를 넣으려고 서랍을 열었더니 서랍이 꽉 차서 들어가지 않아 서랍 옆에 휙 던져 버릴 때도 있으니까, 챙겨 넣기 직전까지의 행동이라는 뜻이다.

욕실에 가야만 하거나 침대에 걸터앉아 멍하게 있지 못하는 것은 약화 수반성이라 행동을 감소시킨다. 옷을 챙겨 넣을 곳이 없으면 옷을 넣지 못하니까 이것은 소거, 바닥이나 의자는 옷이 산더미로 쌓여 있어서 옷 한 벌 정리해도 바닥이나 의자에 여전히 옷이 산더미로 남아 있는 것도 소거다. 몇 벌씩 계속 챙겨 넣다 보면 언젠가는 옷더미가 없어진다고 해도 이것은 티끌 모아 태산인 셈이니까 효과가 없다.

이렇게 만들어 보니 옷을 정리하지 못하는 것도 묘하게 이해가 된다. 행동을 감소시키는 요인이 너무 많지 않은가. "원인은 여러

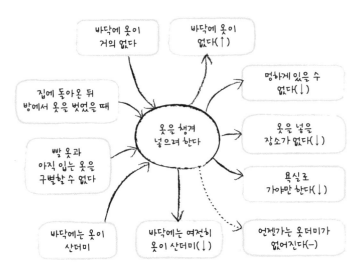

그림 3-2 왜 정리를 못하는가: 현재 상황의 ABC 분석

가지가 있다"라고 선생님이 말씀하셨는데 그 말도 이제야 확 다가왔다.

단번에 정리할 수 있었을 때에는 "역시 마음먹기 나름이야"라고 생각했고 그 뒤에 옷이 자꾸 늘어날 때에는 "자각이 부족하다"라고 생각했는데, 행동 수반성을 그려 보니 정리를 하지 않는 원인을 마음이나 자각에서 찾는 것은 잘못된 방향이라는 사실도 어쩐지 알 것 같았다. 아직 수긍이 되지는 않지만.

그리고 슬슬 개입을 생각하게 됐다.

개입이라고 하면 어째 국제 분쟁 같은 말이지만 해결책이라는 뜻. 개입을 생각할 때에는 늘리고 싶은 행동이 늘지 않는 원인과 해결책을 대응시키는 것이 중요하다고 한다.

내 경우 우선은 옷을 챙겨 넣을 곳이 없어서 소거된다는 점을 해결하기 위해 정리할 상소를 확보하기로 했다.

옷장 안을 정리하여 내내 입지 않는 옷은 버리기로 했다. 이 작업에는 수납의 신이 쓴 베스트셀러를 참고했다. 이로써 옷장과 서랍에 자리가 생긴 덕분에 옷을 간단히 넣고 뺄 수 있게 됐다. 옷을 챙겨 넣으려는 행동은 옷을 챙겨 넣을 수 있으면 강화될 터.

다음으로 바구니를 2개 사 왔다. 흰색 바구니에는 세탁물, 분홍색 바구니에는 내일도 쓸 거라서 옷장에는 넣지 않는 물건을 넣기로 했다.

옷을 벗으면 반드시 둘 중 하나에 넣기로 했다. 그리고 바구니에 들어 있으면 정리가 됐다고 치기로 했다. 세탁물은 쌓이면 한 번에 옮기기로 했다. 이로써 매번 욕실에 가야만 한다는 약화를 중지시킨다.

베이스라인 데이터와 수반성 다이어그램을 보고 옷이 정리돼 있을 때에는 바닥이나 의자에 옷이 없어짐으로써 정리 행동이 강화된다는 것을 알았으므로, 일요일에 애를 좀 써서 단번에 방을 정리한 뒤에 개입을 시작하기로 했다.

결과는 아주 좋았다. 때때로 셔츠나 수건을 깜빡 잊고 정리하지 않을 때가 있었지만 다음 날에는 챙겨 넣을 수 있게 됐고 분홍색 바구니의 옷을 옷장에 도로 가져다 넣을 수도 있게 됐다.

그래프를 갱신하는 것도 즐거워졌다. 방에 널려 있는 옷이 거의 없어지고 나니 세기도 편해졌고(그림 3-3).

결국 수업이 끝나는 7월 말까지 방은 깨끗한 채였다. 아빠가 엄청 칭찬해 줬고 상으로 새 구두를 사 줬다. 엄마는 반신반의하는지 언제까지 가겠냐고 한다. 엄마가 다시 보게끔 다음에는 책장이나 화장대 주변을 정리해서 아직 어질러져 있는 책이나 잡지, 화장품을 정리할 생각이다.

방이 어질러져 있는 것은 내 성격 탓이고 이제 와서 어쩔 수 없는 일이라고 생각했는데, 이번 나 자신 실험을 통해 정리하는 행

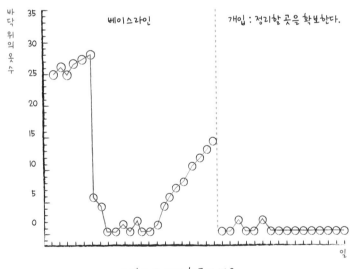

그림 3-3 정리 행동의 변용

동을 못하는 데에는 다른 원인이 있다는 점, 원인 하나하나에 대처하다 보면 행동이 바뀌기 시작한다는 점을 실감했다.

정리된 방은 마음이 편해서 멍하게 있는 시간도 늘었을지 모른다. 내가 실은 깔끔한 것을 좋아하는 사람이었음을 알게 된 것도 뜻밖의 기쁜 발견이었다.

복근 운동을 꾸준히 하는 법

행복을 발견하기 위한 나 자신 실험이라. 불행에는 자신 있는데. 동아리와 아르바이트로 매일 바쁜 데다 기본적으로 늘 졸리고 께느른하다. 수업은 따분하다. 친구라고는 남자들뿐. 같은 클래스에 세미나도 같이하는 유진이 신경 쓰이지만 말을 걸 용기도 없다.

딱히 성격이 어두운 건 아니다. 지극히 평범해서 그렇지. 아니, 어쩌면 지나치게 평범한가. 친구들도 다 엇비슷하고. 이런 내가 수업에서 실험을 해야 한다니, 아주 성가시기 짝이 없었다. 귀찮고 께느른하다는 것이 첫인상. 주제를 정하는 데도 시간이 걸렸다.

"해결하고 싶은 문제는?"이라고 하기에 '졸리다'라고 썼더니 선생님이 "매일 몇 시간쯤 자니?"라고 물었다. 생각해 본 적도 없어서 기록을 해 보기로 했다. 그랬더니 나는 꽤 규칙적이어서 밤 1시까지는 잠자리에 들고 아침에는 8시가 좀 넘으면 일어나서 대략 7시간을 잔다는 것을 알게 됐다. 그래서 처음부터 다시.

선생님에게 "께느른하다는 말은 따분하다는 뜻입니다"라고 했더니 "그렇구나" 하고 수긍하셨다(조금 짜증이 났다). 그러고는 곧장 "그럼 두근두근할 만한 일을 생각해 봐. 만일 이렇게 된다면 매일매일이 즐거워서 어쩔 줄 모르겠다는 생각이 드는 일 있어?"라고 질문하셨다. 가정법의 일종이란다.

두근두근? 순간 유진이의 얼굴이 떠올랐다 사라졌다. 얼굴이 빨개지지나 않았을지 걱정이었다.

망상이 시작됐다. 여름방학 때 유진이와 바다에 간다. 불꽃을 본다. 손을 잡는다. 마주 본다. 수업 중인데 망상에 불이 붙어 꺼지지를 않는다.

그래서 결심했다. 근육 트레이닝을 하자. 일단은 테니스 동아리에 들어가 있는 나지만 술자리가 많다 보니 아직 스무 살 정도밖에 안 됐는데 배 둘레가 투실투실해졌다. 원래 마른 체형이라 괜히 더 눈에 띈다. 이래서야 바다에서 폼이 안 난다. 폼이 나지 않는데 유진에게 가자고 할 수도 없다. 스스로 생각해도 논리적이지 않다고 인식하면서도, 이래저래 생각하다 보니 조금 두근두근해졌다는 데에 놀랐다.

목표 행동은 간단하다. 매일 복근 운동을 하는 것. 우선 한 세트에 20회로 하고 몇 세트를 했는지 기록하기로 했다. 달성 목표는 '복근이 갈라져 보이는 것'으로 정했다.

아, 참. 여기서 하나 고백을 하겠다. 수업에서는 "무엇을 위해 그 목표 행동을 바꾸는가?"라는 물음에 대답하는 실습을 했는데 나는 이 '왜, 왜' 법이라는 실습을 정직하게 하지 않았다.

"왜 복근 운동을 하지?"라는 물음에 "멋있으니까"라고 대답했다. "왜 멋있어지고 싶어?"라는 물음에 "그 편이 인기가 있을 것 같아서"라거나 "건강에 좋으니까"라고 대충 대답했다. 진짜 답은 "여름방학 때 유진이와 바다에 가기 위해"인데.

여기에 시한폭탄이 숨어 있었음을 나중에 알게 되지만, 지금은 이대로 이야기를 진행하겠다. 베이스라인을 2주 동안 측정해 보니 한 세트라면 대개 사흘 중에 이틀은 가능하다는 것을 알았다. 아르바이트로 늦게 돌아오는 날은 건너뛰겠지, 께느른하니까. 이렇게 생각했는데 기록을 하여 그래프로 만들어 보니 그렇지도 않다는 사실을 알았다(그래프는 그림 3-5 참조). "피곤하면 하지 않는다"라는 것은 아무래도 내 믿음에 지나지 않았던 모양이다.

그래프에는 확실히 드러나지 않았지만, 아르바이트가 있는 날에 좋아하는 버라이어티 방송을 녹화해 두면 집에 온 뒤 이것을 보면서 복근 운동을 할 수 있었다. 반대로 아르바이트에서 돌아와서 볼 방송이 없으면 그대로 목욕을 하고, 목욕한 다음에는 복근 운동을 할 마음도 없어져서 그냥 자 버리는 듯했다.

단, 이런 상태로는 여름까지 복근이 갈라질 것 같지 않다. 2주가 지나도 배 둘레는 투실투실한 그대로다. 그래서 목표 행동에 목표치를 설정하기로 했다. 하루에 세 세트씩 하기로 한다.

이 문제를 상담했더니 선생님은 "복근을 하는 방법도 궁리를 해 보면 어떨까? 반동을 써서 기세 좋게 하면 별로 효과가 없어. 천천히 2초쯤 걸려서 들어 올리고 그대로 2초 유지한 뒤에 또 2초 동안 천천히 내려오면 제법 효과가 있지"라고 가르쳐 주셨다.

돌아와서 당장 해 보았다. 헉, 진짜? 힘들다. 너무 힘들어서 13번 만에 포기. 지금까지 했던 복근 운동은 뭐였나 싶다. 게다가 13번밖에 안 했는데 벌써 복근이 뻐근하다. 큰일인데.

하지만 이상하게도, 또 전혀 뜻밖의 전개로, 엄청 두근두근하기 시작했다. 너무 힘들어서 심장 박동 수가 올라갔기 때문인지도 모르고, 이렇게 하면 정말로 복근이 갈라질 수도 있겠다는 현실감이 생겼기 때문인지도 모른다.

단, 이래서야 한 세트에 20회는 어려울 것 같아서 급거 한 세트에 10회로 변경했다. 하루에 세 세트라는 목표 설정은 그대로 두고 시도해 보기로 했다.

그리고 2주가 흘렀다. 아아, 어렵다. 하루에 세 세트씩 한 날은 드물었다. 전혀 안 하는 날도 있었다. 그래도 운동 자체는 전보다 어려워졌음에도 하루에 한 세트나 두 세트를 하는 날도 있었다. 이런 날은 세 번째 세트를 하는 도중에 힘들어서 그만둔 날이다.

여기서 ABC 분석을 하기로 했다. '~하면 ~한다'라는 행동과 환경 변화 관계를 행동 수반성이라 부르는데, 행동 수반성에서 행동의 원인을 찾는 것이 행동분석학이란다.

복근 운동을 10번 하는 것을 목표 행동으로 정했다. 이것을 하루에 세 세트 하면 목표 달성이다. 예전의 나 같으면 생각도 못 할 정도로 힘든 운동을 계속하고 있으니, 기록표에 동그라미를 치는 것은 나름의 강화제일 것 같다. 강화제 출현으로 인한 강화가 바로 이거다. 하지만 매일 세 세트나 할 수 있을 정도로 강력한 강화제는 아닐지 모른다.

선생님이 가르쳐 준 방법으로 하면 복근 운동을 할 때마다 아프고 지친다. 이러한 혐오 자극이 출현해서 약화되고 있으니, 목표 달성만으로는 행동이 충분히 계속되지 않는다고도 생각할 수 있다. '복근이 갈라진다'는 '티끌 모아 태산'형 수반성에 해당한단다. 모든 행동 수반성이 행동을 바꿀 수 있는 것은 아니라고 한다. '티끌 모아 태산'형 수반성이라는 것은 이런 효과가 없는 수반성 중 하나라고.

내 경우에는 복근이 갈라지는 것은 강화제지만 복근 운동을 10번 한다고 갈라지는 것은 아니기 때문에 반복과 축적이 필요하다. 복근 운동을 매일 빠짐없이 두 달 동안 하면 '빌리즈 부트 캠프'의 빌리 대장처럼 식스팩을 손에 넣을 수 있다는 것을 알고 있고 그렇게 되고 싶다고 마음속으로 빌어도 대부분의 사람들이 탈락하는 이유는 이 때문이라는 말이다.

그렇다면…. 나는 생각했다.

어쩌면 인기남이 된다는 결과도 똑같이 '티끌 모아 태산'형인가? 나쁜 예감이 들어서 질문했다. 그러자 선생님은 싱글싱글 웃으면서 이렇게 대답했다.

"복근 운동을 계속하면 언젠가는 갈라지겠지. 몸은 거짓말을 하지 않아. 하지만 복근 운동을 하는 것만으로 인기가 많아질까?"

확실히 그렇다. 복근이 갈라진다고 반드시 인기가 많아지는 것은 아니다. 빌리 대장을 경원시하는 여자들도 적잖이 있지 않나. 애초에 유진이 복근에 흥미가 있는지 없는지도 확인하지 않았다.

"인기남이 된다는 건 착각한 강화제라는 뜻인가요?"

나는 선생님에게 대들듯이 물어보았다. 착각한 강화제란 내가 강화제라고 믿고 있을 뿐 실은 행동을 강화하지 않는 사건을 가리킨다.

"너한테 아니 대부분의 남자들한테 인기가 많은 것은 강화제로 기능할 거라고 생각해. 여자가 먼저 말을 걸거나 이쪽에서 말을 걸면 미소를 짓고, 데이트 신청을 하면 OK도 해 주지. 좋아한다는 고백도 받고. 이런 상황을 다 합쳐서 인기가 많다고 해 보자. 마우스 오른쪽 버튼을 10번 클릭하면 하루 내내 그런 상황이 된다면 클릭하지 않는 남자를 찾는 게 더 어려울 걸."

또 가정법인가. 나는 조금 생각한 뒤에 이렇게 물었다.

"혹시 복근이 갈라지면 인기가 많아질 것이라는 수반성이 착각인 걸까요?"

"그럴 수도 있겠지. 혹은 확률적인 관계라고 생각해도 좋을지 몰라. 근육을 좋아하는 여자애라면 성공할 것 같고, 초식남을 좋아하는 경우에는 어려울 수도 있지. 웃는 얼굴로 인사하거나 상대방이 하는 이야기를 고개를 끄덕이며 들어 주는 행동 같은 것이 인기도를 올려 줄 확률은 높다고 나는 생각하지만. 너는 누구에게 인기가 있었으면 좋겠어?"

"⋯⋯여자들 다요, 안 되나요?"

이렇게 얼버무리는 것이 고작이었다. 유진에게 인기가 있고 싶으니 유진의 경우에 강화제가 무엇인지를 생각해야 했다. 그렇구나, 이걸 '왜, 왜' 법으로 찾아야 했던 거다.

"이 '중간에 그만둔다'는 무슨 뜻이지?"

선생님이 묻는다. 어째 관심이 다른 방향으로 옮겨 간 것 같아서 안심했다.

"세트 중간에 그만둘 때가 있는데요, 그러면 예를 들어 기껏 8번을 해도 기록 용지에 ○를 못 그리니까 소거돼 버린다고 생각했거든요."

"그렇구나. 그건 탁월한 분석인데!"

"정말요?" (탁월하다는 말을 일상 회화에서 쓰는 사람은 처음이다마는)

"정말이야. 생각해 보면 그렇지. 대부분의 사람들은 세트 단위로 운동을 하는데, 그건 다음 세트 완료까지 가지 않는 행동이 소거되고 있기 때문이라고도 해석할 수 있어. 우수해."

"네. 그러니까 개입에서는 세트 수와는 별도로 횟수 기록도 하자고 생각했어요."

"좋은데."

"단지 그것만으로는 부족하다는 생각이 들어서 뭔가 새롭게 강화제를 추가하고 싶은데요, 생각나는 게 없어요. 복근 운동을 한 뒤에 포상으로 맥주를 마시거나 하면 본말 전도고."

"그렇지. 하지만 나한테는 벌써 좋은 강화제가 보여."

이렇게 말하면서 선생님은 내 수반성 다이어그램을 가리켰다.

"녹화하던 방송이요? 방송을 보면서 복근 운동을 하니까 선행 조건 부분에 썼어요. 틀렸습니까?"

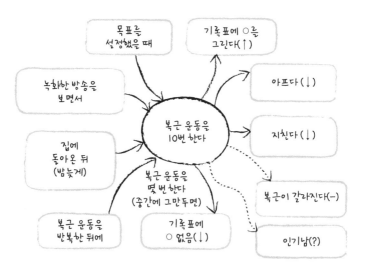

그림 3-4 왜 복근 운동을 할 수 없는가: 현재 상황의 ABC 분석

"틀린 건 아니야. 하지만 굳이 녹화까지 해서 볼 정도니까 이 방송은 강화제로 쓸 수 있을 것 같아."

"!"

그런가. 강화제는 여기에 있었구나. 아스카 식으로 말하면 "줄곧 함께였네, 강화제"*다. 〈런던 하츠〉와 〈아메토크〉**는 녹화 행동, 시청 행동을 강화하는 힘을 가지고 있는 셈이다. 이걸 이용하지 않을 순 없지.

광고가 나올 때마다 재생을 일시 정지해 놓고 복근 운동을 하고 한 세트가 끝나면 다시 재생하면 된다. 한 세트를 하지 않으면 그날은 거기까지. 방송을 보는 것도 다음 날로 연기한다. 이러면 복근 운동을 하는 행동을 방송 시청을 통해 강화할 수 있다.

그 뒤로 첫 번째 세트를 할 때에는 지금까지와 마찬가지로 방송을 보면서 복근 운동을 하기로 했다. 그 편이 두 번째 세트 이후에 방송 뒷부분이 한층 더 보고 싶어지지 않을까 생각해서다. 방송에 강화제로서의 힘을 더하는 셈이니까 아마 확립 조작일 것이다.

과연 어떻게 됐는가? 웬걸, 개입을 도입하자마자 매일 세 세트씩 복근 운동을 하게 됐다. 건너뛴 날은 동아리 술자리가 있던 날 하루뿐이다. 신이 나서 네 세트, 다섯 세트씩 하는 날도 생겼다. 근

---

* 애니메이션 〈에반게리온〉의 등장인물인 아스카의 대사 중에 "줄곧 함께였네, 엄마!" 가 있다
** 둘 모두 일본의 예능 방송

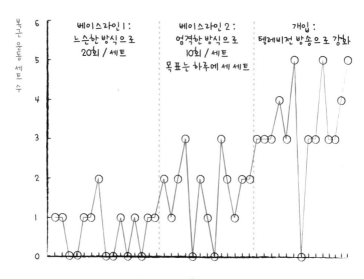

그림 3-5 복근 행동의 변용

력이 붙어서 한두 세트쯤은 통증이나 피로 같은 혐오 자극이 출현하지 않게 됐기 때문인지도 모른다.

배는 단단해지고 복근도 희미하게 여섯 개로 갈라졌다. 힘을 줘 보면 알 수 있다.

여름이 오는 것이 기대되기 시작했다. 학기 말에 이 수업이 종 강하면 유진에게 말을 걸어야지.

4장

적으면 보인다, 행동 패턴

나 자신 실험을 하는 방법

3장에 등장한 '정리를 못하는 여학생'은 칠칠치 못한 성격 때문에 방 정리를 못 한다고 생각하고 있었지만, 나 자신 실험으로 깔끔한 것을 좋아한다는 사실을 발견하고 방을 정리하는 방법을 발견했습니다. '복근을 만들고 싶은 남학생'은 대학 생활이 께느른하고 따분하다고 생각했지만, 나 자신 실험을 진행하다 보니 어느새 두근두근한 매일을 보내게 됐습니다.

두 사람의 예에서 알 수 있듯 정리를 못하는 이유나 복근 운동을 지속할 수 없는 이유는 여러 가지로 추측할 수 있습니다. 그리고 실험을 하여 직접 내 행동을 바꾸면서 내 행동의 통제 변인을 찾을 수 있습니다. 그러면 이제 나 자신 실험을 하는 방법을 볼까요.

1. 해결하고 싶은 문제나 달성하고 싶은 목표를 선택한다

나 자신 실험에서 도전할 주제를 정합니다. 다이어트, 자격시험 공부, 절약, 결혼 상대 구하기, 부부 관계나 연애 관계, 뭐든지 괜찮습니다. 내 행동이 바뀌면 해결되는 문제나 달성할 목표를 하나 고릅시다.

2. 목표 행동을 정한다

바꾸려고 하는 내 행동을 정합니다. 이것이 목표 행동입니다.

하려고 하는데 안 되는 행동이나 그만두려고 하는데 그만둘 수 없는 행동 둘 중 하나를 고르면 알기 쉽습니다. 전자는 목표 행동을 증가시키는 것이 목표이고, 후자는 목표 행동을 감소시키는 것이 목표입니다. 문제 해결이나 목표 달성을 위해 필요한 행동을 여러 개 생각할 수 있는 경우에는 그 가운데 가장 중요하다고 여겨지는 것을 하나만 고릅시다.

이제 목표 행동을 정할 때 만족시켜야 하는 조건을 설명하겠습니다.

① 죽은 사람 테스트(살아 있어야만 할 수 있는 일)를 통과할 것

2장에서 언급한 '죽은 사람 테스트'를 써서 목표 행동을 정의합니다. 일상적인 말이나 표현에는 몇 가지 함정이 숨어 있으므로 주의할 필요가 있습니다.

가령 '튀김을 먹지 않는다'는 언뜻 행동 같지만 죽은 사람은 튀김은 커녕 아무 것도 먹지 않습니다. 목표 행동은 '튀김을 먹는다'이고, 이것이 감소시키고 싶은 행동이 됩니다. '절약한다'도 이것이 '쓸데없는 것을 사지 않는다'라는 뜻이라면, 죽은 사람은 애초에 물건을 살 수 없지요. '편의점에서 계산하는 김에 계산대 옆에 놓여 있는 과자도 같이 사 버린다' 등을 감소시키고 싶은 행동으로 골라야 할 겁니다.

② 구체적일 것

2장에서 설명한 구체어를 써서 목표 행동을 정의합니다. '즐긴다'나 '서두른다' '화낸다' 등은 구체적인 행동처럼 들릴지 몰라도 어떠한 행동을 '즐긴다' '서두른다' '화낸다'로 볼지는 사람이나 상황에 따라 다릅니다.

이를테면 농구를 할 때 웃으면서 시합을 하는 것이 '즐긴다'인지 웃음기 없는 얼굴로 오로지 집중해서 경기를 계속하는 것이 '즐긴다'인지 경기 중에 슛이나 패스 컷에서 좋은 플레이를 하는 것이 '즐긴다'인지, '즐긴다'라는 말로 다양한 행동을 생각할 수 있습니다. 행동이 다르고 수반성도 달라지면 개입 또한 달라집니다. 후보가 여러 개 있다면 하나로 줄입시다.

추상적인 표현에서 구체어를 써서 목표 행동을 정의하는 작업을 '과제 분석'이라고 합니다. 3장에서 소개한 비디오클립 법을 써 볼까요. '방을 정리한다'는 아직 추상적입니다. 그래서 내가 방을 정리하는 모습을 떠올려 보고 머릿속에서 촬영하여 재생을 해 봅니다. 그러면 '바닥에 떨어져 있는 티슈를 주워 휴지통에 버린다' '침대 위에 있는 옷을 옷걸이에 걸어 옷장에 넣는다' '탁자 위에 포개어 놓은 잡지를 책장의 잡지꽂이에 세워 놓는다' 같은 동작 하나하나까지 확인할 수 있습니다. 이제 겨우 목표 행동이 구체화됐습니다.

③ 수치화할 수 있을 것

나 자신 실험에서는 목표 행동의 빈도를 기록하는 경우가 많을 터입니다. 그러니 횟수를 셀 수 있는지 여부를 확인합니다.

목표 행동을 세는 법

처음 나 자신 실험에 도전하는 사람에게는 매일 측정할 수 있는 행동을 고르기를 권합니다. 일주일에 몇 번밖에 행동할 기회가 없으면 개입의 효과를 아는 데에 몇 주가 넘게 걸립니다. 개입의 효과를 곧장 확실히 확인할 수 있으면 개입하는 행동 자체가 강화됩니다.

목표 행동의 빈도는 단위 시간당 횟수를 기록합니다. 1시간 혹은 하루에 몇 번인가. 행동 횟수를 세는 일은 막상 해 보면 생각보다 수고스럽습니다. 수고스러운 행동은 지속되지 않습니다. 약화되기 때문입니다. 그러니 나 자신 실험에서는 가능한 한 수고를 들이지 않으면서도 필요한 정보를 가능한 한 정확하게 측정할 수 있는 방법을 궁리합니다.

목표 행동을 '다이어트를 위해 간식을 줄이는 것'이라고 정한 경우, 가장 간단한 방법은 하루 동안 어느 정도 양이 간식을 먹었는지가 아니라 어쨌든 하루에 한 입이라도 간식을 먹었는지를 기록하는 것입니다. 달력에 ○나 ×를 기입해 가는 기록법입니다. 이렇게 해 두면 일주일 동안 간식을 먹은 날짜 수(횟수)처럼 빈도를 산출할 수 있습니다.

단, 이렇게 하면 하루에 몇 번씩 간식을 먹는 사람이나 한 번에 먹는 간식량이 아주 많은 사람이 횟수나 양을 줄이려고 할 때에는 변화를 측정할 수 없지요. 점심 먹기 전, 오후, 야식 이렇게 매일 세 번씩 간식을 먹던 사람이 야식을 끊는 데 성공해도 달력에 기록되는 간식을 먹은 날짜 수는 똑같습니다. 모처럼의 행동 변화를 감지할 수 없는 측정 방법인 셈입니다.

행동이 눈에 보이게 바뀌는 것이 나 자신 실험을 계속하는 데 커다란 영향을 주기 때문에 이것은 바람직하지 않습니다. 그러니 이런 경우에는 간식을 먹을 기회를 정하고(예컨대 점심 먹기 전, 오후, 야식) 매일 이 가운데 몇 번 먹었는지를 기록합니다. 이렇게 하면 세 번에서 한 번으로 행동이 줄어든 것을 100%에서 33%로 감소했다는 식으로 감지할 수가 있습니다.

횟수가 아닌 측정 방법도 있습니다. 예를 들어 늦잠을 자지 않기 위해 '새벽 1시까지는 잠자리에 든다'를 목표 행동으로 정했다고 합시다. 매일 새벽 1시까지 잠자리에 들었는지를 ○, ×로 기록하면 되는데, 간식의 예와 마찬가지로 이래서야 모처럼 변화가 생겨도 잘 측정할 수가 없습니다. 매일 새벽 4시까지 인터넷을 하며 깨어 있던 사람이 새벽 1시 취침을 목표 행동으로 정하고 2시에 잠을 자게 돼도 4시와 2시의 차이를 감지할 수 없기 때문입니다. 그러면 단순히 매일 취침 시간을 기록해 두는 편이 좋겠지요.

행동의 소산, 퍼포먼스

목표 행동을 매번 관찰하여 측정하기가 어려운 경우에는 행동의 소산인 퍼포먼스를 측정합니다.

워드 프로그램으로 리포트를 쓰는 행동을 비디오클립 법으로 떠올려 보십시오. 키보드를 치거나 화면을 보거나 문장 구성을 생각하거나 참고 문헌을 읽는 행동이 유발되었다 사라집니다. 이 모두를 관찰하고 측정하기는 어렵습니다. 하지만 그 후에 '리포트'는 남습니다.

행동은 일어나고 나면 사라집니다. 그 순간에 거기 있지 않으면 관찰할 수가 없습니다. 하지만 행동에 따라서는 행동이 끝난 뒤에 행동의 소산이 남습니다. 행동이 사라져도 행동의 소산으로 남아 있는 것을 퍼포먼스라 부릅니다.

음주량을 줄이고 싶은 사람은 술을 마신 다음 날에 빈 깡통 수를 세면 그것이 퍼포먼스가 됩니다. 편의점에서 쓸데없이 돈을 쓰는 행동을 줄이고 싶은 사람은 영수증을 버리지 않고 두었다, 쓸데없을 것 같은 물건을 사는 데 쓴 금액의 합계를 내면 퍼포먼스가 됩니다.

일반적으로 퍼포먼스라고 하면 길거리 예능인이 보여 주는 팬터마임, 정치가가 인기를 끌기 위해 겉으로만 하는 일, 컴퓨터 계산 능력 같은 의미로 쓰이지만, 여기서 퍼포먼스는 이러한 통상적인 용법과는 상당히 의미가 다르다는 점에 주의하세요.

목표 행동을 관찰하거나 기록하기가 어려울 경우에는 목표 행동과는 따로 퍼포먼스를 목표로 정하면 됩니다.

'지각'을 해결하는 방법

목표 행동을 적절하게 결정하는 것은 사실 난이도가 높은 작업입니다. '아침에 못 일어나서 만날 지각한다'라는 행동 문제의 해결을 예로 들어 생각해 볼까요.

'지각한다'는 두 가지 이유로 목표 행동이 될 수 없습니다.

첫 번째 이유는 죽은 사람 테스트를 통과하지 못하기 때문입니다. '지각한다'는 것은 '시간에 맞춰 오지 않는다'라는 뜻입니다. 죽은 사람이 시간에 맞춰 오면 공포물이지요.

두 번째로 '시간에 맞춰 온다'도 목표 행동으로는 부적절합니다. 이렇게 되고 싶다는 이상적인 상황을 비디오클립 법으로 떠올려 봅시다. 집에서 회사까지 전차를 갈아타고 약 1시간 정도 걸린다고 해 봅시다. 가령 출근 시간 10분 전인 8시 50분까지 회사에 도착하기로 하면, 어떠한 행동이 떠오릅니까?

회사 현관을 8시 47분쯤에 통과해서 엘리베이터를 타고 사무실이 있는 층에서 내려 자기 자리까지 빠른 걸음으로 걸어가 가방을 책상 위에 놓고 의자에 앉아 컴퓨터를 켜면 딱 8시 50분이었다. 이러한 이미지인가요? 같은 행동에 대해 현재 상황은 어떤지 떠올려 봅시다. 늦게 올 경우의 비디오클립입니다. 여러분의 표정은 어두워졌는지도 모르겠습니다. 걷는 속도도 좀 더 빠를 수 있겠지요. 어쨌든 회사 현관을 통과했을 때 이미 9시가 넘었으니까요.

현재 상황과 이상을 비교해 보십시오. 어디가 다릅니까?

무엇을 어떻게 바꾸고 싶을까요? '천천히 걷는다'입니까? 아니, 그렇지 않지요. 그러면 도착이 더더욱 늦어집니다. '여유 있는 표정을 한다'입니까? 아니, 그러면 상사의 심기를 건드릴 뿐이지요.

'지각'은 행동이 아니라 행동의 소산입니다. 그리고 많은 경우 지각이라는 소산을 낳는 행동은 도착했을 때의 행동(시간에 맞춰 도착한다)이 아니라 출발하기 전의 행동입니다.

그렇다고 해서 의심도 없이 '집에서 늦지 않게 출발한다'를 목표 행동으로 해서는 안 됩니다. 이것도 소산인 경우가 많기 때문입니다. 비디오클립을 앞으로 돌려서 아침에 일어나 집을 나설 때까지의 모습을 떠올려 봅시다. 아니, 어쩌면 더 앞으로 돌려서 잠자리에 들기 전의 모습을 떠올릴 필요가 있을지도 모릅니다.

알람이 울리면 5분 안에 나온다

'집에서 늦지 않게 출발하기' 위해서는 어떠한 행동 변용이 필요한지 계속해서 생각해 봅시다. 그 부분을 바꾸면 소산이 바뀌는 행동을 '행동 변용의 핵심점'이라 부릅니다.

행동 변용의 핵심점은 사람이나 상황에 따라 다릅니다. 예를 들어 아침에 늦게 일어나는 사람의 경우, 수면 시간이 충분한 데도 이부자리에서 나오는 것이 늦다면 '알람 시계가 울리고 5분 안에 이부자리에서 나온다'가 핵심점입니다. 잠자리에 드는 시간이 너무 늦어서 충분한 수면을 취하지 못하기 때문에 일어날 수 없다면 취침 시간을 앞당길 필요가 있습니다. 잠자리에 들기 전에 텔레비전을 보거나 인터넷을 해서 늦어진다면 이 부분이 핵심점일 수도 있습니다. 애초에 집에 돌아오는 시간이 너무 늦다면 더더욱 시간을 거슬러 올라가서 행동 변용의 핵심점을 찾아야만 합니다.

지각뿐 아니라 행동 문제를 해결하는 것만이 목표일 경우에는 퍼포먼스만을 목표로 정의하여 수반성을 설정해도 잘 풀리는 경우가 있습니다. 이를테면 "지각할 때마다 동료 모두에게 점심을

쏜다"라고 약속하고 동료에게도 협력을 받으면 분명 기꺼이 협력해 줄 테고, 지각 횟수를 줄일 수 있을지도 모릅니다. 단, 이래서는 왜 지각을 하는지 그리고 그 배경에는 어떠한 수반성, 강화제나 혐오 자극이 있는지가 명확해지지 않습니다. 따라서 자기 이해로 이어지지도 않습니다.

또한 행동 문제에 따라서는 퍼포먼스에 수반성을 설정하는 것만으로는 문제가 해결되지 않는 경우도 있습니다. 이를테면 토익 점수를 올리고 싶은데 "900점 이상이면 상으로 해외여행을 간다"라고만 해서는 점수가 오르지 않는 사람이 대부분이겠지요. 이 경우에는 행동 변용의 핵심점을 찾아서 이를 바꾸는 개입을 계획하게 됩니다.

왜 조깅을 하고, 왜 살을 빼는가

목표 행동이 노린 대로 늘어나거나 줄어든다고 해서 반드시 문제가 해결되거나 목표를 달성한 것은 아닙니다. 가령 다이어트를 위해 매일 30분 동안 조깅을 하는 것을 목표 행동으로 하고 이를 100% 실행해도 체중이 생각만큼 줄지 않을 때도 있습니다. 조깅을 한 뒤 샤워를 마치고 나와서 맥주를 마시는 것은 곧잘 있는 이야기입니다.

목표 행동을 실행하지 못하고 있는데 문제가 해결되는 경우도 있습니다. 만남을 바라고 여자인 친구에게 미팅을 하자는 전화를 거는 것을 목표 행동으로 했다 그 친구와 사귀게 됐다든지.

후자는 운이 좋은 예이니 더할 나위 없는 결말이지만, 전자에는 개선힐 여지기 있습니다. 매주를 마시는 행동을 줄이기 위해 이를 목표 행동으로 설정해야만 할 수도 있고, 더 효과적인 행동을 선택하는 편이 좋을 수도 있습니다(탄수화물을 줄이고 채소 섭취를 늘린다 등).

그래서 선택한 목표 행동이 문제 해결이나 목표 달성에 도움이 됐는지를 평가하는 장치가 필요합니다. 목표 행동과는 별개로 문제 해결이나 목표 달성 정도를 측정합니다. 무엇을 측정할지를 찾아내는 방법이 '왜, 왜' 법입니다. 도요타 자동차가 품질 개량에 활용하고 있다고 하는 '왜, 왜 5회 법'을 응용했습니다. 도요타에서는 문제의 근본적인 원인을 찾기 위해 '왜'라고 반복해서 자문하는데, 여기서는 목표 행동을 '왜' 바꾸려고 하는지를 반복해서 자문합니다.

'매일 30분 동안 조깅을 한다'를 예로 들어 볼까요.

- 왜 매일 30분씩 조깅을 하는가? → 처진 뱃살을 넣기 위해.
- 왜 처진 뱃살을 넣으려 하는가? → 멋이 안 나니까.
- 왜 멋있어지고 싶은가? → 자신감을 갖고 싶어서.
- 왜 자신감을 갖고 싶은가? → 여자에게 인기를 끌고 싶으니까.

맨 마지막 대답은 '활기찬 인생을 살고 싶어서'일 수도 있습니다. 물론 여기서 끝내지 않고 계속해서 묻는 것도 가능합니다. 왜 여자에게 인기가 끌기를 원하는가, 왜 활기찬 인생을 살고 싶은가 하는 식으로요.

'왜, 왜' 법으로 얻을 수 있는 대답을 통해 내게 무엇이 강화제이고 혐오 자극인지를 생각합니다. 예를 들어 '처진 뱃살'이 혐오 자극이라는 점, 하지만 이것은 '여자에게 인기를 끈다'가 강화제이고 '뱃살이 처지면 여자에게 인기가 없다'라는 규칙이 있기 때문이라는 점을 추측할 수 있습니다.

목표 행동에 대해서도 다른 선택지를 탐색할 수 있습니다. 예를 들어 '여자에게 인기를 끈다'가 목적이라면 '여자들 이야기를 잘 들어 준다'나 '여자가 흥미를 가질 만한 화제에 대해 조사한다' '야한 농담을 하는 빈도를 낮춘다' 등이 어쩌면 '조깅을 한다'보다 유효할지도 모릅니다.

그리고 목표 행동의 타당성을 평가할 때에는 배 둘레 사이즈보다 가령 좋아하는 여자와 즐겁게 이야기를 한 횟수를 세는 편이 적합하다는 것도 알게 됩니다.

측정은 객관적으로 한다

측정 방법에서는 누가 무엇을 언제 어디서 어떻게 측정하는지를 결정합니다.

- 누가 측정하는가?

나 자신 실험의 경우 '누가'는 '내가'가 되겠지요. 행동을 직접 관찰하고 기록하기도 하지만 어떠한 장치를 써서 행동을 자동적으로 기록할 수도 있습니다. 가령 하루에 메일을 몇 통 보냈는지는 컴퓨터나 스마트폰에 남아 있는 이력을 세어 보면 됩니다. 조깅이나 워킹양을 만보계나 스마트폰 앱으로 측정할 수도 있습니다.

- 무엇을 측정하는가?

'무엇을'은 목표 행동인지 퍼포먼스인지 혹은 둘 다인지를 의미합니다. 목표 행동에 대해서는 앞에서 설명했듯 빈도를 재는 경우가 많지만, 그뿐이 아닙니다. 목표 행동의 어떠한 측면을 바꾸고 싶은가에 따라 달라집니다.

행동의 정확성을 측정할 경우에는 회당 정반응 수를 세면 됩니다. 예를 들어 영어 검정시험 등을 목표로 단어 카드를 써서 영단어를 암기하려고 한다면, 정답을 맞힌 카드 수를 출제한 카드 수로 나눈 뒤 100을 곱하면 정답률을 퍼센티지로 계산할 수 있습니다. 답하는 속도를 목표로 한다면 매일 카드를 섞어서 1분 동안 정답을 맞힌 매수로 1분당 정답 수를 측정할 수 있습니다. 아침에 일어나서 집을 나설 때까지의 시간을 단축하는 것이 목표라면 옷을 갈아입거나 식사를 하거나 세수를 하거나 이를 닦거나 하는 준비가 끝날 때까지 걸리는 시간을 측정합니다. 매일 아침 신문이나 메일을 읽거나 커피를 마시느라 좀처럼 일을 시작하지 못하는 습관을 개선하고 싶다면 책상에 앉고 나서 일을 시작할 때까지의 반응 시간을 측정해도 되겠지요. 집중력이 금방 흐트러지는 것을 개선하고 싶다면 일을 시작하고 나서 휴대폰을 보거나 옆 사람과 말을 하거나 화장실에 가려고 자리에서 일어나거나 해서 일을 중단할 때까지의 지속 시간을 측정하여 개선 대상으로 삼을 수 있습니다.

나 자신 실험으로 행동 강도를 바꾸려는 목표로 측정을 하는 경우는 드물지도 모르지만, 다음처럼 응용할 수도 있습니다.

심폐 기능을 높이기 위해 헬스장에서 자전거를 탄다고 해 봅시다. 심박 수를 일정 이상으로 올려야만 하겠지요. 심박 수 목표치를 초과해서 달린 지속 시간을 기록하면 강도도 측정 대상이 될 수 있습니다. 근력 향상을 위해 웨이트 트레이닝을 하는 경우에도 마찬가지입니다. 단, 이러한 방법으로 측정하는 것은 '심폐 능력'이나 '근력'이 아니라 어떠한 수준을 넘어서는 강도의 행동을 하는 빈도나 지속 시간이라는 데에 주의하세요.

퍼포먼스를 측정하는 경우에도 대상이나 목적에 따라 무엇을 재는지가 정해집니다. 신문을 매일 읽는 것이 목적이라면 읽은 기사나 쪽수를 세어도 되겠지요. 독서도 마찬가지입니다. 돈 낭비를 줄이는 것이 목적이라면 낭비를 한 횟수를 세기보다는 샀다고 생각하고 쓰지 않은 돈을 저금통에 넣고 그 금액을 기록하는 편이 편하겠지요. 술자리에서 술을 마시는 양을 줄이겠다면 마신 잔 수를 세면 됩니다.

목표 행동이나 퍼포먼스와 더불어 달성 목표도 측정해 봅시다. 왜, 왜 법으로 찾아낸 더 상위에 있는 목표에 대해서 측정해 봅니다.

● 언제, 어디서 측정하는가?

'언제'와 '어디서'는 목표 행동이나 퍼포먼스가 정해지면 저절로 결정되는 경우가 많습니다. 가령 등·하교를 하거나 출퇴근을 할 때 영어 회화 음성 교재를 듣는 것을 목표 행동으로 정한다면, '아침저녁'으로 '전차 안에서', 일찍 자는 것이 목표라면 '밤에' '집에서' 하는 식으로 시간과 장소가 자동적으로 결정됩니다.

행동의 소산이 남아 있는 이상 퍼포먼스는 나중에라도 언제든지 측정할 수 있습니다. 단, 이러한 경우에도 언제 측정할지는 미리 정해 둡시다. 매일 아침 일을 시작할 때 혹은 매일 밤 자기 전이라고요. 이렇게 하지 않으면 측정을 미루기가 쉬워집니다.

나 자신 실험의 묘미 중 하나는 측정을 하며 행동 변화를 실시간으로 관찰하면서 다음에 무엇을 할지를 정하는 것입니다. 몇 주

동안 쌓인 퍼포먼스를 한 번에 측정하면 이 묘미를 맛볼 수가 없을 뿐 아니라 경우에 따라서는 실패의 원인이 됩니다.

행동이 바뀌고 있지 않은데도 이를 깨닫지 못하고 효과가 없는 개입을 계속하거나 반대로 행동이 이미 바뀌었는데 이를 깨닫지 못하고 불필요한 개입을 계속하는 경우가 생길 수 있기 때문입니다.

• 어떻게 측정하는가?

누가 무엇을 언제 어디서 측정하는지 정하면 측정 방법도 거의 정해집니다. 횟수나 매수라면 세고, 반응 시간이나 지속 시간이라면 시계나 스톱워치를 씁니다. 요즘에는 편리한 스마트폰 앱도 등장했습니다. 점심을 먹은 시간이나 잠자리에 든 시간은 시계를 보고 기입하면 되고, 밥을 해 먹었는지 아닌지를 측정한다면 그 여부를 기록하면 됩니다.

습관을 종이에 기록한다

기록 용지를 작성해 볼까요. 매일 기록을 하니까 날짜를 쓰는 칸, 목표 행동이나 퍼포먼스 측정 칸 등을 준비합니다.

기록 용지를 작성했다면 시험 삼아 측정을 해 봅시다. 실제로 머리와 손발을 움직여서 기록 용지에 기입을 해 봅니다. 이렇게 하면 필요한 기입란이 비어 있는 곳이나 기입을 하지 않고 넘어가도 되는 곳이 눈에 보이겠지요.

자격시험을 위해 여러 문제집을 써서 공부를 하면서 매일 각 문제집을 몇 쪽씩 풀었는지 기록한다고 해 봅시다. 이때 '날짜'라는 칸을 만들어 매일 날짜를 쓰면 그만큼 수고를 덜 수 있습니다. 처음부터 날짜를 써 두면 수고가 줄어들지요.

마찬가지로 '문제집'이라는 칸을 만들어서 여기에 그날 푼 문제집 이름을 쓰면 괜한 수고가 듭니다. 기록 용지에 문제집 이름이나 약칭을 미리 기입해 두고 그날 푼 것에 동그라미를 친다든지 풀지 않은 문제집에 0(쪽)이라고 기입하기로 정해 두면 쓸데없는 수고가 줄어듭니다.

측정을 연습하고 기록 용지를 개선하는 일은 몇 번씩 계속합니다. 처음에는 보이지 않던 개선의 여지가 몇 번 하다 보면 보일 때도 있기 때문입니다.

기록 용지에 개선할 부분이 보이지 않으면 여기에 가정의 데이터를 기입하고 이를 바탕으로 꺾은선 그래프를 만듭니다. 꺾은선 그래프를 그리는 방법은 '기록을 시각화한다'에서 다시 설명하겠습니다.

꺾은선 그래프를 그리고 잘 살펴보면 부족한 정보를 깨닫기도 합니다. 개입을 시작하여 기록을 비교했을 때, 행동이 바뀌었는지를 이 그래프로는 판단할 수 없겠다는 사실을 깨달을 수도 있습니다. 나중에 수정할 수도 있겠지만, 측정과 그래프 작성을 미리 연습해 두면 방지할 수 있는 일이니까 꼭 해 보세요.

측정은 수고가 덜 드는 방법으로

측정 방법의 기본은 가능한 한 수고를 덜 들이는 것입니다. 측정은 나 자신 실험의 요체입니다. 측정하고 기록하는 행동이 매일 안정적으로 유발되는 것이 전제입니다. 측정을 위해 기록 용지나 노트를 매번 가방에서 꺼내야만 한다든지, 측정하는 데에만 몇십 초가 넘는 시간이 걸린다든지, 측정을 함으로써 다른 행동을 못 하게 된다든지, 이러한 악조건은 모두 약화로 기능하여 측정 행동이 유발되기 어렵게 만듭니다.

수고와 시간을 절약함으로써 측정의 정확성이 떨어지는 경우도 있지만, 나 자신 실험의 결과는 학회에서 발표할 것이 아니기 때문에 그렇게 신경 쓸 필요는 없습니다. 측정의 최종 목적은 행동이 바뀌었는지 아닌지를 확인하는 것이니까요. 그러니 이를 알아볼 수 있을 정도로만 정확하면 문제없습니다.

반대로 개입을 도입하기 전후의 측정치를 비교할 수 없는 방법은 피해야만 합니다. 예를 들어 체중을 측정할 때에는 하루 중의 시간대나 조건(식전인지 식후인지, 옷을 입었는지 여부 등)을 동일하게 유지할 필요가 있습니다. 가령 "매일 밤, 저녁을 먹은 뒤에, 샤워를 하고 나서, 옷을 입기 전에" 하는 식으로요.

수고를 더는 방법 중 하나가 장면을 한정하는 것입니다. 예를 들어 머리카락을 만지작거리는 버릇을 고치겠다는 목표로 '머리카락을 잡아당긴다'를 목표 행동으로 정했다고 합시다. 잘 때를 제외하면 하루 종일 만지작거릴 가능성이 있다고 해서 깨어 있는 동안 줄곧 신경 쓰면서 횟수를 세는 일은 불가능하지는 않을지언정 현실적이지 못합니다. 이럴 때에는 측정하는 장소나 시간대를 한정하는 것도 수입니다. 예컨대 매일 밤 저녁 먹은 뒤 집에서 뉴스 방송을 보는 15분 동안만을 측정 대상으로 삼는다든지 해서요.

심리학 연구에서는 무작위 추출법도 쓰입니다. '긍정적으로 생각하는' 행동을 목표 행동으로 정하고 이를 측정하기 위해 가령 평균 한 시간에 한 번 정도 꼴로 무작위로 고른 시간에 알람을 울린다거나 메일을 보내 그때 긍정적으로 생각하고 있었는지 아닌지를 기록하는 방법입니다. 저나 제 수업을 듣는 학생들 중에서 아직 이러한 장치를 써서 나 자신 실험을 한 사람은 없지만, 앞으로는 인터넷이나 스마트폰을 활용한 서비스를 통해 손쉽게 할 수 있을지도 모르지요.

평소 모습을 관찰한다: 베이스라인

목표를 정하고 측정 방법도 정해지면 행동 목표치를 정합시다. 예를 들어 '조깅을 한다'를 목표 행동으로 정한 경우 '매일' 할지 '한 주에 사흘 이상' 할지, 한 번에 어느 정도 달릴지(30분 혹은 5킬로미터 이상 등)를 정합니다. 희망적인 예상이 아니라 실현할 수 있는 목표를 정합시다.

목표를 정하고 목표치까지 설정하면 당장 무언가를 시작하고 싶어지게 마련입니다. 원인을 추정하지 않고 생각나는 개입을 당장 시작해 버리는 오류를 '해결책에 덤벼드는 함정'이라고 부릅니다. 무작정 해결책에 덤벼들면 대체로 실패합니다. 잠깐만 참으세요.

목표를 어느 정도로 설정하면 실현이 가능할지 판단할 수 없을 경우에는 베이스라인을 측정하여 현재 상황을 정확히 파악하고 나서 결정해도 무방합니다. 베이스라인에서는 개입을 시작하기 전에 현재 상황을 파악하기 위해 측정만 합니다. 베이스라인을 측정하는 기간을 '베이스라인기(期)'라 부릅니다.

베이스라인은 목표 행동의 수준(어느 정도 빈도로 유발되고 있는지 등), 경향(증가하는지, 감소하는지, 변화가 없는지), 변동(비슷한 빈도로 안정돼 있는지, 빈도가 높을 때와 낮을 때가 있는지, 어떤 때에 높고 어떤 때에 낮은지)이 명확해질 때까지 계속 측정합니다. 변동이 적고 안정돼 있으며 경향도 없다면 세 번에서 다섯 번 정도 측정으로 끝내도 무방합니다. 단, 한두 번으로는 경향을 판정할 수 없으므로 최소한 세 번은 측정해 봅시다.

베이스라인을 측정하면 지금까지 하지 못하고 있던 행동을 왜 하지 못했는지, 혹은 지금까지 그만두지 못했던 행동을 왜 그만두지 못했는지 원인을 추정하는 데에 도움이 되는 데이터를 얻을 수 있습니다. 자기 이해의 첫걸음이지요.

변동이 큰 경우에는 당분간 계속해서 관찰하면서 변동이 줄어드는지 기다려 봅니다. 하지만 변동 요인을 간단히 측정할 수 있고(가령 퇴근 시간이 요일에 따라 크게 다르고 이것이 회사를 마치고 조깅을 하는지 여부에 영향을 주는 경우) 앞으로도 그 변동이 유지될 것 같다면 변동이 가라앉기를 기다릴 필요는 없습니다.

늘리고 싶은 목표 행동이 증가하는 경향을 보인다면 그대로 베이스라인에서의 관찰과 기록을 계속합니다. 줄이고 싶은 행동이 감소 경향을 보일 때도 마찬가지입니다. 행동 문제가 개선되고 있을 때에는 굳이 해결책을 도입할 필요가 없습니다.

반대로 늘리고 싶은 목표 행동이 감소 경향을 보이거나 줄이고 싶은 행동이 증가 경향을 보일 때에는 베이스라인을 장기간 측정할 필요가 없습니다. 개입을 통해 경향을 역전시키는 것이 목표가 되고, 이것이 행동이 바뀌었는지 아닌지를 평가하는 기준이기 때문입니다.

기록을 시각화한다

기록한 데이터는 꺾은선 그래프로 시각화합니다. 그래프는 가로축에 시간(날짜·주·월 등), 세로축에 목표 행동 빈도 등을 둡니다. 꺾은선 그래프를 만드는 이유는 시간과 함께 변화하는 데이터의 수준과 경향 그리고 변동을 눈으로 확인하기 위해서입니다.

개입을 시작할 적절한 시기도 그래프를 보고 판단하고, 개입을 시작하면 그 효과도 그래프를 보고 판단합니다.

행동을 측정하면서 측정치를 그래프로 만들고 그래프를 보면서 행동의 원인을 추정하거나 개입 방안을 세운 뒤 그 결과를 또다시 그래프로 만들어 확인해 나가는 것인 행동분석학의 연구 방법일 뿐 아니라 나 자신 실험의 방법이기도 합니다. 따라서 행동 변화를 눈으로 확인할 수 있게 그래프를 만드는 것과 적절한 시기를 놓치지 않게끔 매일 갱신하는 것이 중요합니다.

매일매일 그래프를 갱신하는 데에는 당연히 수고(행동 비용)가 들기 때문에 여기서도 궁리를 할 필요가 있습니다.

예를 들어 컴퓨터 표 계산 프로그램 등을 써서 완성도가 높은 그래프를 만들기보다는 바탕만 인쇄한 뒤에는 손으로 꺾은선을 그려 넣는 편이 행동 비용은 줄어듭니다. 컴퓨터를 쓰려고 하면 저도 모르게 며칠분을 모아서 입력하게 되곤 합니다. 컴퓨터를 켜고 프로그램을 열어 입력 작업을 준비하는 시간이나 수고가 단 하나의 데이터를 쳐 넣기에 단기적으로는 적합하지 않기 때문입니다. 모아서 입력하려다 그래프 작성이 늦어지면 개입을 시작할 적절한 시기를 놓칠 수도 있습니다.

기록 행동이 약화되지 않게끔 궁리를 했듯, 그래프 작성 행동에서도 마찬가지로 궁리가 필요합니다. 기록 용지만 쌓일 뿐 효과 없는 개입을 모르고 계속하거나 이미 목표치에 도달했는데도 불필요한 개입을 계속하지 않도록 주의합시다.

경향선을 긋고 데이터를 읽는다

꺾은선 그래프로 만든 데이터에서 우선 데이터의 수준과 경향 그리고 변동을 확인합니다. 수준은 꺾은선이 세로 방향으로 어디 부근에 위치하는지를 봅니다.

간식을 너무 많이 먹는다고 막연히 느끼고 있더라도 베이스라인을 측정하기 전에는 실제로 어느 정도 빈도로 간식을 먹는지는 모르게 마련입니다. 측정하고 그래프로 그려서 보고 난 뒤에 그 양에 새삼 놀라는 사람도 있는가 하면, 뜻밖에 양이 적어서 이 정도라면 굳이 나 자신 실험의 대상으로 삼을 필요도 없겠다고 판단하고 목표를 바꾸는 사람도 있습니다.

경향은 상승·하강·변화 없음 세 가지로 나눌 수 있습니다. 시간 추이에 따라 전체적으로 꺾은선이 올라가면 상승, 내려가면 하강입니다.

그래프에 '4분할법'을 쓴 '경향선'을 그려 넣으면 판단하기 쉽습니다. 4분할법은 아래 순서와 같이 하면 됩니다(그림 4-1).

① 우선 가로 축 한가운데 부분에서 데이터를 전반과 후반으로 나눕니다. 데이터 개수가 홀수라면 한가운데에 있는 데이터를 끼고 앞과 뒤로, 데이터 개수가 짝수라면 가운데에 있는 두 데이터 중간에서 앞과 뒤로 나눕니다.

② 데이터 전반부와 후반부를 같은 방식으로 각각 다시 반으로 나누고, 세로 보조선을 긋습니다. 전반부를 분할한 선을 A선, 후반부를 분할한 선을 B선이라고 부릅니다.

③ 데이터 전반부의 중앙값을 찾습니다. 중앙값이란 데이터를 작은 쪽에서 큰 쪽으로 줄 세웠을 때 순서가 중앙에 오는 값입니다. 세로 축 데이터의 개수가 짝수일 경우에는 중앙에 있는 두 데이터의 중간에 해당하는 값을 취합니다. 그리고 이 중앙값 부분에서 가로 보조선을 긋습니다. 이를 a선이라고 부릅니다.

④ 데이터 후반부에서도 똑같은 과정을 되풀이하여 b선을 긋습니다.

⑤ A선과 a선의 교점을 a점, B선과 b선의 교점을 b점이라고 합니다.

⑥ a점과 b점을 잇는 직선을 긋습니다. 이것이 경향선이 됩니다.

경향선이 상승 혹은 하강하고 있다면 그 원인이 있겠지요. 나 자신 실험을 시작하여 목표를 정하고 관찰을 시작한 뒤 그래프를 그려서 보기만 해도 행동이 바람직한 방향으로 변화하는 일은 곧잘 있습니다. 관찰과 기록은 행동에 영향을 줍니다.

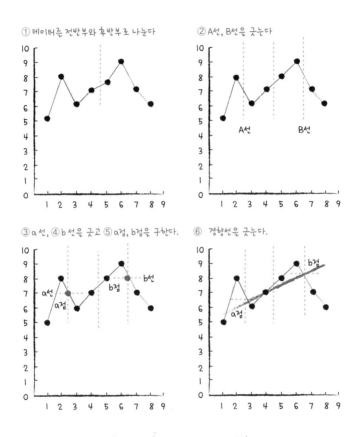

그림 4-1 경향선을 긋는 방법 (4분할법)

엑셀로 그래프를 작성할 때에는 4분할법 대신 근사 곡선을 추가(선형회귀)라는
기능을 써서 자동적으로 경향선을 그을 수 있으니 시도해 보세요

측정 오차에 답이 있을 수도

변동은 데이터의 불균형입니다. 꺾은선이 위아래로 왔다 갔다 하는지, 아니면 불균형이 적고 가까운 곳에 모여 있는지를 봅니다.

변동이 클 때에는 우선 측정을 정확하게 했는지를 확인합니다. 예를 들어 자격시험 대책으로 매일 문제집을 푸는 행동을 목표로 하고 진도가 나간 쪽수를 기록했다고 합시다. 늘 같은 정도로 공부를 하고 있는데도 쪽수 변동이 크다면, 어쩌면 한 쪽당 문제 수나 난이도가 고르지 못할 수도 있습니다. 쪽수가 늘어났다고 해서 목표 행동이 증가한 것인, 때마침 한 쪽당 문제 수나 난이도가 줄어들었을 뿐인지 아니면 그 둘 다인지 알 수가 없습니다.

측정과 관련한 변동을 '측정 오차'라고 합니다. 행동이라는 다소 막연한 부분이 있는 측정 대상은 물론이거니와 가령 백 엔 동전의 지름 같은 물리적인 대상에서도 측정 오차는 생깁니다. 플라스틱으로 만든 자의 눈금 간격이 완전히 일정하지는 않을 수도 있으며 왜곡도 있습니다. 측정하는 사람의 시력도 영향을 미칠지 모릅니다. 엄밀히 말하면 열에 의한 금속의 팽창도 영향을 줍니다. 물리학에서는 외부 요인으로 인한 측정 대상 자체의 변화도 측정 오차에 포함하는 모양이지만 행동분석학이나 나 자신 실험에서는 조금 다른 방식을 씁니다.

앞의 예를 써서 생각해 볼까요. 하루에 푼 문제집 쪽수를 기록한다고 해 봅시다. 그래프에 그려 보니 요일에 따라 변동이 있습니다.

평일에는 좀처럼 진도가 나가지 않지만 주말에는 잘하고 있습니다. 그래서 기록 용지를 조금 상세히 다시 읽어 보니, 주말은 오전 중 비교적 이른 시간대에 공부를 마치고 나서 외출을 하거나 취미로 책을 읽습니다. 평일에는 일이 빨리 끝나서 저녁 먹기 전에 집에 왔을 때에는 저녁을 먹은 뒤에 몇 쪽쯤 나가지만 일이 늦게 끝나서 외식을 한 날에는 문제집을 펴지도 않는 날이 많은 듯합니다.

매일 정시에 일을 끝낼 수가 없다면 이 변동 요인을 없애기란 어려워 보입니다. 그 경우에는 이 요인을 측정 오차라고 생각하지 않고 조치를 취하지 않은 채 진행해도 상관없습니다. 그리고 이 변동 요인을 극복하거나 우회하거나 아니면 이와 타협하는 개입을 생각하게 됩니다.

기록 용지에 쓴 메모를 다시 읽거나 기억을 더듬어 보면 그 외의 변동 요인이 눈에 띌지도 모릅니다. 집 거실에서 풀었을 때와 카페에서 풀었을 때를 비교하면 어떨까요. 음악을 들으면서 풀었을 때와 그렇지 않을 때는 어떨까요.

샤워를 하고 나서 한잔하는 것을 걸고 밤늦게까지 문제집을 푼 적이 있었다면, 술을 강화제로 한 강화를 극복책으로 추가해 보는 것도 한 방안입니다. 아침에 출근하기 전에 문제집을 푸는 편이 밤에 귀가하고 나서 풀 때보다 목표 행동이 유발된다면 우회책으로 평일에는 아침에 일찍 일어나서 문제를 풀기로 해도 좋겠지요. 목표 쪽수를 낮게 설정한다는 타협책도 있습니다.

행동에 변동이 있다는 것은 측정 방법이나 측정 자체로 인한 오차뿐 아니라 행동에 영향을 주는 환경 요인의 변동도 시사하고 있을 가능성이 큽니다.

많은 자연과학 분야의 경우, 측정 오차는 가능한 한 작아야 한다고 여겨집니다. 그렇지 않다면 정말로 측정하고 싶은 것을 측정하지 못하니 당연하지요. 행동분석학이나 나 자신 실험에서도 장치의 정확성이나 측정 방법과 관련한 오차는 가능한 한 줄여야 한

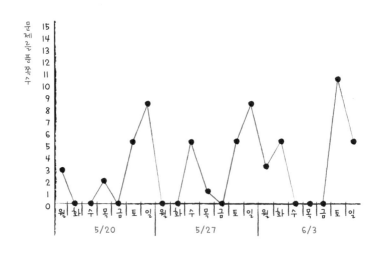

그림 4-2 자격시험 대책 행동의 베이스라인

다고 생각하지만, 행동에 영향을 주는 환경 요인의 경우는 다릅니다. 환경 요인으로 인해 생기는 오차에는 행동의 통제 변인을 찾는 데 유익한 정보가 포함되어 있기 때문입니다.

다이어그램으로 원인을 추정한다

베이스라인의 행동 관찰이나 데이터에 근거해, 늘리고 싶은 행동이 늘어나지 않고 줄이고 싶은 행동이 줄지 않는 원인을 행동 수반성에서 찾는 추정을 합니다.

여기서 활약하는 것이 수반성 다이어그램입니다. 수반성 다이어그램은 그림 가운데에 목표 행동을 쓰고 목표 행동 앞에 일어난 선행 조건을 왼쪽에, 목표 행동 뒤에 일어난 결과를 오른쪽에 가능한 한 많이 그려서 통제 변인을 추정하기 위한 그림입니다.

그림 4-3에 제가 지금까지 한 나 자신 실험 중에서 다이어트의 예를 제시했습니다. 베이스라인기의 수반성을 추정하여 그린 그림입니다. 이제 이 그림을 작성한 순서를 설명하겠습니다.

단, 실제로는 그림을 보면서 생각하고 더 그려 넣고 또 이를 보며 수정을 하거나 삭제를 하면서 그려 나갑니다. 한 번에 완성되는 그림이 아닙니다. 그리면서 생각하고, 그린 것을 보며 또 생각해서 그립니다.

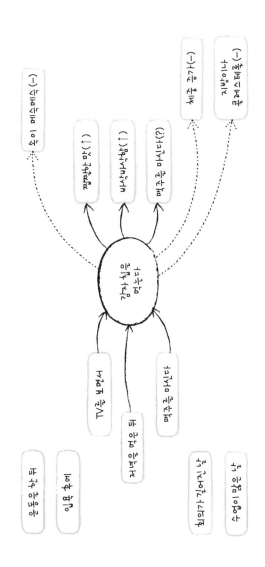

그림 4-3 영 리가드 의사가 작성한 영마의 ABC 분석

우선 한가운데에 감자 칩을 먹는다는 목표 행동을 씁니다.

다음으로 비디오클립 법을 써서 그 모습을 떠올리며 언제 어느 때 어디서 무엇을 계기로 감자 칩을 먹는지(선행 조건) 생각합니다.

그러면 '저녁을 먹은 뒤' '집에서' '격렬한 운동을 한 뒤' '입욕 후에' '맥주를 마시면서' '텔레비전을 보며' 같은 선행 조건이 떠오릅니다. 이들을 그림 왼쪽에 써 넣습니다. 목표 행동 직전에 일어나는 사건은 행동에 가깝게, 그보다 더 전에 일어나는 사건은 멀리 배치합니다. 또 베이스라인기의 데이터를 읽으면 대학 수업이 많은 날이나 회의가 길어진 날에 감자 칩을 먹는 것을 알 수 있으므로 이것도 그림 왼쪽에 추가합니다. 앞에서 설명했듯 데이터에 존재하는 변동을 실마리로 통제 변인을 찾습니다.

다음으로 목표 행동 후에 무엇이 일어나는지(결과) 씁니다.

여기서도 비디오클립 법을 써서 흡사 감자 칩을 먹고 있는 양 상상 속의 오감을 구사하여 떠올려 봅니다. 곧장 떠오르는 것은 짭짤한 맛, 바삭바삭함처럼 미각이나 식감과 관련된 사건입니다. 이들을 그림 오른쪽에 써 넣습니다. 이러한 결과는 목표 행동 직후에 출현하여 행동을 강화하고 있을 것 같습니다. 가정법을 써서 생각하면 짭짤하지 않거나 눅눅해져서 바삭바삭함이 없어졌을 경우에는 아마도 감자 칩을 먹지 않으리라고 예상할 수 있기 때문입니다. 그러므로 이러한 사건은 강화제로 기능한다고 추정하여 앞으로 행동이 일어날 빈도를 증가시킨다는 의미에서 (↑)를 붙여서 기입합니다.

더 생각해 보면 다음 날 아침에 속이 메슥거린다거나 지방이나 콜레스테롤 혹은 체중의 증가 같은 혐오 자극이 출현하리라는 짐작이 갑니다. 이러한 혐오 자극이 출현하는 것은 행동이 유발되고 나서 상당한 시간이 흐른 뒤입니다. 이 사실을 눈으로 쉽게 확인할 수 있게 한가운데의 목표 행동에서 거리를 두고 오른쪽에 써 넣습니다. 단, 이러한 수반성은 목표 행동이 일어나는 빈도에는 영향을 주지 않는 듯합니다. 이를 보여 주기 위해 (-)를 붙여 둡니다.

비디오클립 법을 계속해서 써 보면 맥주가 눈앞에 떠오릅니다. '맥주를 마신다'는 선행 조건으로도 썼지만 '맥주를 마시고는 감자 칩을 먹고, 마시고는 먹고, 먹고는 마신다'를 반복하니 결과로도 써 두어야 합니다. 감자 칩을 먹음으로써 염분을 섭취하고, 이 것이 확립 조작으로 맥주가 갖는 강화제로서의 가치를 높인다고 예상할 수 있습니다. 하지만 맥주가 목표 행동에 어떠한 효과를 미치는지는 잘 모르겠습니다. 효과를 모를 경우에는 (?)를 달아 둡니다.

선행 조건의 각 항목에서 행동을 향해 화살표로 선을 그립니다. 이때 선행 조건마다 통제의 강약이나 종류도 생각해 봅니다. 통제의 강약의 경우, 이 선행 조건이 출현했을 때 행동이 어느 정도 비율로 유발되는지를 추측합니다. 예를 들어 저녁을 먹은 뒤에 집에 있기만 해도 목표 행동이 유발되는 경우는 거의 없습니다. 하지만 운동을 한 뒤나 회의가 길어진 다음에 맥주를 마신다는 조건이 합쳐지면 상당한 확률로 목표 행동이 유발됩니다.

통제가 얼마나 강한지 눈으로 알아보기 쉽도록 그림에서는 선의 두께로 표현합니다. 가느다란 선은 약한 통제, 두꺼운 선은 강한 통제입니다.

선행 조건을 통한 통제의 종류는 크게 나누어 확립 조작과 변별 자극 두 가지입니다. 2장에서 해설했듯 확립 조작이란 결과에 강화제나 혐오 자극의 기능을 부여하는 조작 · 변별 자극은 이 자극이 제시되어 있을 때가 제시되어 있지 않을 때보다 행동이 강화될 확률이 높아지는 자극입니다.

멘 처음에 써 넣은 선행 조건은 전부 확립 조작인 듯합니다. 이러한 사건들이 있건 없건 맛이나 식감은 출현하기 때문입니다. 오히려 이러한 사건이 그날 밤의 염분이나 식감 등을 평소보다 강한 강화제로 확립해 주는 것 같습니다.

결과에 대해서도 목표 행동에서 각각의 사건으로 화살표를 그립니다. 통제가 강할 것 같은 사건은 두꺼운 선을, 약할 것 같은 사건은 가느다란 선을 씁니다. 행동을 거의 통제하지 않아 (-)을 붙인 사건에는 점선을 써도 좋겠지요.

수반성 다이어그램을 그리는 방법에 대한 자세한 내용은 졸저 《사람은 왜 약속 시간에 늦을까? : 소박한 의문에서 생각하는 '행동의 원인'》(고분샤)을 참조해 주세요.

실행이 안 되면 다시

수반성 다이어그램은 가능한 한 많은 사건을 생각해서 그립니다. 통제 변인임이 틀림없어 보이는 사건을 찾으면 거기서 생각하기를 멈추기 쉽지만, 끈질기게 계속 생각하기로 합니다. 나에게 무엇이 강화제이고 무엇이 혐오 자극인지, 어떠한 수반성이 내 행동을 통제하고 있는지를 철저히 생각할 수 있는 기회입니다.

개입 계획을 세울 때에는 이렇게 추측한 여러 통제 변인에 대해 가능한 한 대책을 세워 둠으로써 개입이 성공할 확률을 높일 수 있습니다. 개입의 부작용을 예측하거나 예방하는 일도 가능해집니다.

개입 계획을 실행하여 잘 되지 않았을 때에는 또 이 수반성 다이어그램으로 돌아옵니다. 개입 대상으로 삼을 만한 변인의 후보를 미리부터 가능한 한 많이 준비해 두면, 개입을 시작한 뒤의 행동 관찰이나 데이터 분석을 통해 다음에 대상으로 삼을 변인을 찾기가 쉬워집니다. 수반성 다이어그램을 다 그리고 나면 늘리고 싶은 행동의 경우에는 목표 행동이 적은 이유를, 줄이고 싶은 행동의 경우에는 목표 행동이 많은 이유를 해석합니다.

표로 정리하면 원인이 보인다

곧잘 있는 구도를 '원인 추정과 개입 계획 세우기 표'(표 4-1)에 정리했습니다. 늘리고 싶은 행동의 경우에는 윗부분을, 줄이고 싶은 행동의 경우에는 아랫부분을 참조하면 됩니다.

우선 이 표 왼쪽에는 다이어그램에 그린 수반성을 하나하나 해석해 나갑니다.

표로 정리하면 나 자신 실험에서 종종 문제가 되는 원인의 80%는 파악할 수 있습니다. 나 자신 실험을 처음 하는 사람에게는 이것으로 충분하리라고 생각합니다.

행동분석학을 배우고 다이어그램을 써서 수반성을 추정하는 연습을 반복하다 보면 남은 20%도 포착할 수 있게 됩니다.

표를 읽는 방법: 행동이 늘지 않는 이유

● **강화제가 출현하지 않기 때문에 강화되지 않는다**

행동 직후에 강화제로 기능하는 자극이나 사건이 출현하지 않는 경우입니다. 강화제의 확립 조작이 없거나 불충분한 경우도 여기에 해당합니다.

건강 유지를 위해 조깅을 한다고 달리자마자 건강해지지는 않습니다. 영어 회화 공부를 하겠다며 외국 영화를 봐도 무슨 말을 하는지 모르면 행동은 강화되지 않습니다. 기타 연습을 하면 상으로 케이크를 먹기로 했어도 평소에 케이크를 참지 않으면 케이크는 강화제로 기능하지 않을지도 모릅니다.

● 혐오 자극이 소실되지 않기 때문에 강화되지 않는다

행동 직후에 혐오 자극으로 기능하는 자극이나 사건이 소실되지 않는 경우입니다. 혐오 자극의 확립 조작이 없거나 불충분한 경우도 여기에 해당합니다.

"방을 좀 치워라"라는 잔소리를 계속하기에 방을 정리하고 있는데 '아직 정리가 안 됐다' '거기 쓰레기가 떨어져 있다' '책꽂이 정리가 안 됐다' 같은 말을 계속 듣게 되면 정리 행동이 유발되지 않는 것이 여기에 해당합니다. 잔소리를 듣는다는 혐오 자극이 정리 행동을 통해서도 소실되지 않아 정리 행동이 소거되기 때문입니다.

● 혐오 자극이 출현하여 약화된다

행동 직후에 혐오 자극으로 기능하는 자극이나 사건이 출현하는 경우입니다.

팔굽혀펴기를 하면 팔이 아프고, 복근 운동을 하면 허리가 아픈 것처럼 통증이 나타남으로써 행동이 약화되는 경우가 있습니다. 친구를 늘리겠다고 이야기를 나눈 적도 별로 없는 사람에게 말을 걸었다 그 사람이 귀찮다는 얼굴을 하는 바람에 행동이 줄어드는 경우도 있겠지요.

● 강화제가 소실되어 약화된다

행동 직후에 강화제로 기능하던 자극이나 사건이 소실되는 경우입니다.

행동을 늘리려고 하면 그 이전에 하던 다른 행동을 할 기회가 없어지기도 합니다. 외식을 줄이고 집에서 밥하는 행동을 늘리려고 하면 장을 보거나 요리를 해야 해서 그 시간에 할 수 있었던 다른 일을 못하게 되는 것이 한 예입니다. '바빠서 못한다'라고 변명을 하고 싶어질 때에는 그 배경에 목표 행동과 양립하지 않는 다른 행동 수반성이 있는 경우가 많습니다.

• '티끌 모아 태산'형

결과는 충분한 크기의 강화제지만 행동 하나하나의 직후에는 출현하지 않고 행동의 누적으로 강화제가 출현하는 경우입니다.

몸매를 가꾸려고 수영을 시작해도 25미터 풀을 한 번 왕복한다고 나온 배가 들어가지는 않습니다. 그래도 25미터 풀을 매일 10번씩 왕복하기를 한 달 동안 계속하면 배가 들어가는 경우가 여기에 해당합니다.

"하면 좋다는 건 아는데 잘 안 된다"라고 말하고 싶어질 때에는 다이어그램에서 이 수반성을 찾아보세요.

• '천재지변은 잊고 있을 때 찾아온다'형

결과는 충분한 크기의 혐오 자극이지만 혐오 자극이 출현할 확률이 극단적으로 낮아 혐오 자극 출현을 회피하는 행동이 유발되지 않고 강화되지도 않는 경우입니다.

택시를 타면 뒷좌석에서도 안전벨트를 하라는 안내가 나오지만 행동이 도출되기 어려운 것은 이 예입니다. 컴퓨터가 망가지고 나서야 컴퓨터 데이터를 백업해 두지 않은 것을 후회하는 경우도 마찬가지입니다.

'티끌 모아 태산'형과 마찬가지로 결과가 아무리 중대하고 행동과 결과 사이에 수반 관계가 있어도 행동에 영향을 주기 어려운 수반성입니다. "해야만 한다는 건 아는데 잘 안 된다"라고 말하고 싶어질 때에는 다이어그램에서 이 수반성을 찾아보세요.

● 강화제 · 혐오 자극이라는 착각

행동 직후에 강화제가 출현하고 있다고 생각하지만 실은 강화제로 기능하지 않는 경우나 행동 직후에 혐오 자극이 소실됐다고 생각하지만 실은 혐오 자극으로 기능하지 않았던 경우입니다.

직업 관련 전문지를 읽음으로써 얻을 수 있는 새로운 지식은 강화제로 기능하므로 잡지를 사 두면 읽는 행동이 도출되겠지 생각했는데, 읽지 않은 잡지가 쌓이기만 한다면 새로운 지식이 강화제로 기능하지 않기 때문일지 모릅니다.

강화제나 혐오 자극은 자극이나 사건이 행동을 늘리는 기능입니다. '좋다'고 생각한 일이 강화제로 기능하고 '싫다'고 생각한 일이 혐오 자극으로 기능할 가능성은 높지만, 이 둘이 똑같지는 않습니다. '좋다'라고 생각하는 모든 일이 강화제로서 행동을 강화하지는 않기 때문입니다. 만일 그렇다면 행동 뒤에 강화제가 출현하는데도 행동이 늘어나지 않을 때에는 '강화제라는 착각'을 의심해 봅시다.

● 행동 레퍼토리를 획득하지 못했다

수반성은 있지만 목표 행동이 아직 습득되지 않아 유발되지 못하기 때문에 강화되지 않는 경우입니다.

부하의 좋은 점을 찾아서 칭찬함으로써 그를 성장시키겠다고 정했어도 뭐라고 칭찬을 하면 좋을지 모르거나 책을 읽는 것처럼 부자연스럽게 말하는 경우가 이 예입니다. 영어 회화나 스포츠 등 새로운 기능을 습득할 필요가 있는 목표는 이와 관계있습니다.

● 바람직한 행동을 이끌어 낼 선행 조건이 없다

행동 레퍼토리가 있고 행동을 유발하면 강화되지만, 강화될 기회에 한계가 있으며 그 기회를 알리는 변별 자극이 없거나 불명확한 경우입니다.

가령 주위에서 '쾌활한 사람'이라고 생각해 주기를 바라고 농담을 하지만 때와 장소를 가리지 않는 발언을 해 버려서 평판을 떨어뜨리곤 하는 경우에는 여기에 원인이 있을지도 모릅니다. 농담을 하면 먹힐 때의 변별 자극이나 되레 냉소를 살 때의 변별 자극이 없거나 애매한 경우입니다.

늘리고 싶은데 늘지 않을 때

원인	개입
강화제가 출현하지 않기 때문에 강화되지 않는다 →	강화제를 출현시킨다
혐오 자극이 소실되지 않기 때문에 강화되지 않는다 →	혐오 자극을 소실시킨다
혐오 자극이 출현하여 약화된다 →	혐오 자극 출현을 중지시킨다(복귀)
강화제가 소실되어 약화된다 →	강화제 소실을 중지시킨다(복귀)
'티끌 모아 태산'형 →	효과가 있는 수반성을 추가한다
'천재지변은 잇고 있을 때 찾아온다'형 →	효과가 있는 수반성을 추가한다
강화제라는 착각 →	확실한 강화제를 쓴다
다른 행동이 강화된다 →	다른 행동을 강화제로 쓴다
행동 레퍼토리를 획득하지 못했다 →	행동 레퍼토리를 형성한다
바람직한 행동을 이끌어 낼 선행 조건이 없다 →	선행 조건을 추가한다
바람직한 행동을 이끌어 낼 선행 조건이 불명확하다 →	선행 조건을 명확히 한다

줄이고 싶은데 줄지 않을 때

원인	개입
강화제가 출현하여 강화된다 →	강화제 출현을 중지시킨다(소거)
혐오 자극이 소실되어 강화된다 →	혐오 자극 소실을 중지시킨다(소거)
'티끌 모아 태산'형 →	효과가 있는 수반성을 추가한다
'천재지변은 잇고 있을 때 찾아온다'형 →	효과가 있는 수반성을 추가한다
혐오 자극이라는 착각 →	확실한 혐오 자극을 쓴다
바람직하지 않은 행동을 이끌어내는 선행 조건이 있다 →	바람직하지 않은 행동을 이끌어내는 선행 조건을 없앤다

표 4-1 원인 추정과 개입 계획 세우기 표

표를 읽는 방법: 행동이 줄지 않는 이유

목표 행동을 줄이고 싶은데 줄지 않는 원인은 늘리고 싶은 행동이 늘지 않는 원인을 뒤집으면 됩니다. 대부분 공통되니 해설은 최소한으로 줄이겠습니다.

• 강화제가 출현하여 강화된다

줄이고 싶은 행동 직후에 강화제가 출현하여 행동이 강화되는 경우입니다. 케이크를 그만 먹으려고 생각하지만 달콤함이 강화제로 출현하여 먹는 행동을 강화하는 것은 여기에 해당합니다.

• 혐오 자극이 소실되어 강화된다

줄이고 싶은 행동 직후에 혐오 자극이 소실되어 행동이 강화되는 경우입니다. 부하에게 호통을 치는 일을 그만두고 싶지만 실실거리는 부하에게 호통을 치면 실실거리는 표정이 사라지기 때문에 이 행동이 강화되는 경우입니다.

• '티끌 모아 태산'형

결과는 충분한 크기의 혐오 자극이지만 행동 하나하나의 직후에는 출현하지 않고 행동이 누적됨으로써 혐오 자극이 출현하는 경우입니다. 감자 칩을 계속 먹으면 언젠가 대사증후군에 걸린다는 사실을 알면서도 한입 먹는다고 금세 살이 찌는 것은 아니기 때문에 이 행동이 약화되지 않는 경우는 이 예입니다.

• '천재지변은 잊고 있을 때 찾아온다' 형

결과는 충분한 크기의 혐오 자극이지만 혐오 자극이 출현할 확률이 극단적으로 낮아 혐오 자극 출현으로 인한 약화가 작용하지 않는 경우입니다. 보행자 신호가 깜빡거리고 있을 때에도 횡단보도를 건너는 이유는 사고를 당할 확률이 낮아 이 위험한 행동이 약화되지 않기 때문입니다.

• 강화제 · 혐오 자극이라는 착각

행동 직후에 혐오 자극이 출현했다고 생각하지만 실은 혐오 자극으로 기능하지 않는 경우 또는 행동 직후에 강화제가 소실됐다고 생각했지만 실은 강화제로 기능하지 않았던 경우입니다. 전차 안에서 화장을 하거나 식사를 하는 행동은 주변의 불쾌한 시선이 혐오 자극으로 작동하여 약화될 것 같지만, 개중에 이러한 사회적인 자극이 습득성 혐오 자극으로 기능하는 학습을 하지 않은 사람, 즉 사람들의 불쾌한 시선에 신경 쓰지 않는 사람들이 이 예입니다.

• 바람직하지 않은 행동을 이끌어 내는 선행 조건이 있다

어떤 장면에서 어떤 선행 조건에 대해 유발됨으로써 강화되어 왔고

지금도 강화되고 있는 행동이 다른 장면에서는 부적절한 행동이 돼 버리는데, 지금까지 강화돼 온 선행 조건에 의한 통제가 매우 강해 이 행동이 유발되는 경우입니다. 친구와 골프를 치다 실수를 했을 때 '젠장'이라고 하는 것은 허용되지만, 업무인 접대 골프에서는 똑같은 행동이 허용되지 않습니다. 그런데도 무심코 '젠장'이라고 입 밖으로 내는 경우가 이 예입니다.

다이어그램에 표를 적용시킨다

내 예를 써서 실제로 표를 작성하고 사용하는 방법을 더 설명하겠습니다. '감자 칩을 먹는다'는 줄이고 싶은 행동이기 때문에 표 아래 부분을 이용합니다. 수반성 다이어그램에 기입한 각 항목이 표 어디에 해당하는지를 생각해서 해석할 수 있다면 이를 다이어그램에 추가합니다(그림 4-4).

짭짤한 맛이나 식감은 '강화제가 출현하여 강화된다'입니다. 그리고 이러한 사건을 강력한 강화제로 만드는 확립 조작이 '격렬한 운동을 한 뒤'나 '회의가 길어졌다' '맥주를 마시면서'라고 추정합니다.

지방이나 콜레스테롤, 체중 증가 등의 혐오 자극은 감자 칩을 일주일에 몇 번씩 먹다 보면 몇 달 후에 출현합니다. 건강 검진에서 의사가 경고를 할 정도로 간 수치나 콜레스테롤 수치가 상승하거나 그때까지 입고 다니던 청바지가 꽉 끼거나 합니다. 이는 틀림없이 '티끌 모

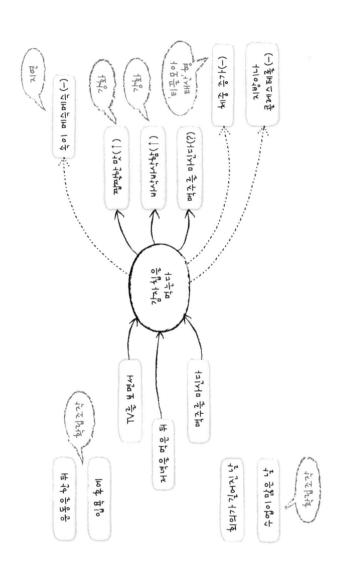

그림 4-4. 문제 행동의 인과관계 분석: 선행사건 ABC 분석(예시)

아 태산'형입니다.

- 개입 계획을 세운다.

행동이 늘지 않는 원인이나 줄지 않는 원인을 수반성 다이어그램으로 추정했다면, 늘리고 싶은 행동을 늘리고 줄이고 싶은 행동을 줄이는 개입을 고안합니다.

그림 4-5가 개입 계획을 세우는 데 썼던 다이어그램입니다. 현재 상황의 수반성과 같은 곳은 색깔을 옅게 했습니다.

현재 상황의 수반성을 모두 바꿀 필요는 없고 바꿀 수 없는 수반성도 존재합니다. 가령 너무 많이 먹으면 속이 메슥메슥하거나 지방이나 콜레스테롤이 늘거나 체중이 증가하는 것은 바꿀 수 없습니다.

우선 목표 행동을 약화하는 수반성을 찾지 못했으므로 새롭게 추가하기로 했습니다. 지금까지 했던 이야기를 보면 분명한데 제 경우 맥주와 감자 칩은 강화제입니다. 그러니까 이를 활용하여 감자 칩을 먹으면(행동) 술자리에서 술을 마실 수 없다는(강화제 출현 저지), 저지를 통한 약화를 사용하기로 했습니다. 그리고 이를 위해 주말에 술자리를 잡는다는 선행 조건을 추가했습니다. 단, 술자리는 주말마다 있으므로 시간 차가 있어 유사 약화가 됩니다.

마시거나 먹는 것을 줄이려고 하는데 술자리를 계획한다는 말

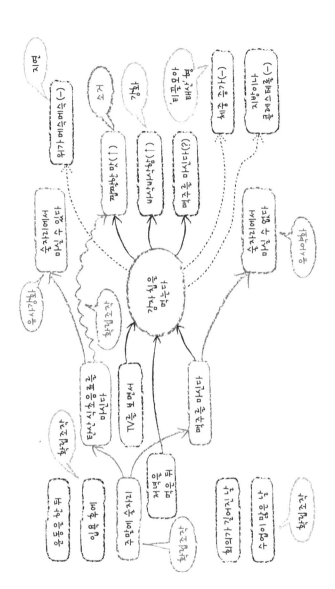

그림 5-4 여러 가지 행동에 대해 기능적 ABC 분석을 해본 사례의 예

은 어쩐지 모순되는 것 같지만, 이 시기에 저는 거의 매일 술을 마셨으므로 총량을 줄이면 된다고 생각했습니다.

평일에 집에서 맥주를 마시며 감자 칩을 먹었다면 주말 술자리에서는 맥주를 마시지 않고 우롱차를 마신다. 이것이 개입입니다.

몇 가지 보충할 점이 있습니다. 첫 번째는 감자 칩을 먹어서는 안 된다는 것은 개입이 아니라는 점입니다. 먹어도 됩니다. 단, 그럴 때에는 주말에 친구와 신나게 마실 때 혼자만 우롱차를 마셔야 합니다. 강제가 아니라 선택할 수 있다는 점이 중요합니다.

두 번째는 부차적인 수반성의 추가입니다. 입욕을 한 뒤 맥주를 마시고 싶어질 때를 위한 대용품으로 쌀 식초 따위를 탄산수로 희석해서 만든 식초 음료를 상비해 두기로 했습니다. 이 외에도 진저에일이나 우유 등 다양하게 시도해 보았지만 목 넘김이 좋다는 강화제가 출현하는 동시에 이것을 마시고 있으면 감자 칩이 맛있게 느껴지지 않아 감자 칩을 먹는 행동이 소거되는 효과를 기대할 만한 것을 골랐습니다.

입욕을 하고 나서 맥주를 마시고 싶어질 때 식초 음료를 마심으로써 주말 술자리에서는 맥주를 마실 수 있습니다. 여기에는 시간 차가 있기 때문에 유사 강화이기는 하지만 매주 반드시 술자리를 설정하면 규칙 지배 행동으로 행동에 간접적인 영향을 주리라고 예측했습니다.

나는 무엇을 위해 움직일까

여기서 중요한 것은 현재 상황의 행동 수반성에서 나타나는 원인과 개입의 행동 수반성에서 나오는 해결책이 대응한다는 점입니다. 가령 늘리고 싶은 행동이 늘지 않는 원인이 이 행동을 강화하는 강화제가 출현하지 않아서라고 추측하면서 해결책이 '마음을 바꿔서 노력한다'라면 이는 원인에 대응한다고는 할 수 없습니다. 대응시키기 위해서는 목표 행동을 강화하는 강화제를 출현시키는 수반성을 추가할 필요가 있습니다.

자기실현을 내거는 자기 계발서 대부분은 유감스럽게도 이러한 해결책으로 넘쳐 납니다. '마음을 바꿔서 노력한다'나 '기분을 리셋한다' '편안한 마음을 유지한다' 등의 해결책은 애초에 무엇을 어떻게 하면 좋은지조차 알 수 없게 합니다. '기분을 리셋하기' 위해 '혼자 여행을 떠난다'라고 구체화한들 혼자 떠난 여행에서 돌아왔을 때 수반성이 바뀌지 않았다면 행동은 바뀌지 않습니다.

나 자신 실험에서 바꾸기를 바라는 목표 행동은 대부분 각자가 오랫동안 바꾸려고 했지만 좀처럼 바꿀 수가 없었던 행동입니다. 바꿀 수 없었던 이유가 수반성에 있는 이상 수반성을 바꾸지 않으면 행동은 바뀌지 않습니다.

그러면 어떻게 하면 원인과 개입을 대응시킬 수 있을까요? 수반성 다이어그램을 그리고 표를 쓰면 첫 번째 단계는 그렇게 어렵지 않습니다.

예컨대 늘리고 싶은 행동이 늘지 않는 원인이 '강화제가 출현하지 않기 때문에 강화되지 않는다'라면 목표 행동 직후에 강화제를 출현시키는 것이 개입이 됩니다. 줄이고 싶은 행동이 줄지 않는 원인이 '바람직하지 않은 행동을 이끌어 내는 선행 조건이 있다'라면 '바람직하지 않은 행동을 이끌어 내는 선행 조건을 없앤다'가 개입입니다. 자명한 이치, 단순하지요.

다음 단계에서는 난이도가 조금 올라갑니다. 표는 수반성을 어떻게 바꿀지만 보여 줍니다. 개입 계획을 세우려면 수반성을 구체화해야만 합니다.

건강 유지를 위한 조깅은 '티끌 모아 태산'형의 전형적인 예입니다. 달린 직후에 건강해지지는 않습니다. 그러므로 무언가 다른 강화제를 출현시킬 방법을 생각해야 합니다. 조깅을 하는 행동을 강화하는 데에 어떠한 강화제를 쓸 수 있을까라는 문제를 풀어야 합니다. 그러기 위해서는 '내게는 무엇이 강화제인가' '내게는 무엇이 혐오 자극인가'를 생각합니다. 떠올리기 어렵다면 '무엇을 위해서라면 조깅을 열심히 할 수 있을까?'라고 자문해 봅니다. 조깅을 하면 달력에 동그라미를 친다. 이것만으로도 열심히 할 수 있는 사람이 있을지 모릅니다. 조깅을 한 뒤에는 남자 친구나 여자 친구에게 문자를 보내 칭찬을 받는다. 이러면 잘 되는 사람도 있겠지요. 친구에게 만 엔을 맡겨 놓고 조깅을 할 때마다 오백 엔

씩 돌려받는다. 조깅을 하지 않았다면 그만큼을 활동 방침에 찬성할 수 없는 단체에 기부해 달라고 한다. 이 정도로까지 하지 않으면 달리지 않는 사람도 있을지 모릅니다.

개입 계획을 세우는 시점에서는 이러한 수반성의 변화로 행동이 바뀔지 여부는 '가설'에 지나지 않습니다. 개입 계획을 실행하여 행동이 바뀌는지 아닌지를 확인하는 것이 나 자신 실험입니다. 행동이 바뀌면 이로써 목표를 달성할 뿐 아니라 그 행동을 강화할 수 있는 여러분의 강화제나 혐오 자극을 알 수 있습니다. 자기 이해가 한 발 앞으로 나아간 셈입니다.

행동이 바뀌지 않는 경우에는 우선 그 수반성으로는 바뀌지 않는다는 것을 알게 됩니다. 이 또한 자기 이해입니다. 그리고 다음 가설을 세워서 개입을 시도해 봅니다. 행동이 바뀔 때까지 가설과 개입을 반복하다 보면 목표도 달성할 수 있고 반복한 만큼 자기 이해도 깊어집니다.

수반성을 바꿔야 행동이 바뀐다

개입 계획을 세우는 시점에서 자주 하게 되는 실수를 소개하겠습니다. 첫 번째는 해결책만 생각해 놓으면 수반성이 바뀌기라도 하는 것처럼 생각하는 것입니다. 늘리고 싶은 행동이 현재 상황에서는 거의 유발되지 않을 때 하기 쉬운 실수입니다.

예를 들어 다이어트가 목표일 때 조깅하는 것을 개입으로 정하는 실수입니다. 조깅을 하면 살이 빠집니다. 살이 찐 것이 혐오 자극이므로 조깅을 하는 행동은 혐오 자극 소실로 인해 강화되리라고 믿어 버리는지 모릅니다. 현재 상황에서도 조깅을 하면 살이 빠지니, 이것은 이미 거기에 있는 수반성입니다. 게다가 30분 조깅을 한다고 바로 배가 들어가지는 않습니다. 외관이나 체중에 미치는 영향은 '티끌 모아 태산'형이기 때문에 행동에는 영향을 주지 않는 수반성입니다. 만일 영향을 준다면 다이어트를 하고 싶은 사람들은 다들 조깅에 열을 올리고 있겠지만 그렇지도 않지요.

"조깅을 하면 땀이 나서 기분이 좋다"나 "조깅을 하고 샤워를 마치면 상쾌하다"도 마찬가지입니다. 조깅을 해도 땀이 나지 않는 사람이나 샤워를 하지 않는 사람이 아닌 이상 이미 거기에 있는 수반성입니다.

행동은 수반성을 바꾸어야 바뀝니다. 이를 잊지 않기 위해 개입 계획을 세울 때에는 현재 상황의 행동 수반성 다이어그램과 개입의 행동 수반성 다이어그램을 쌍으로 놓고 어디를 어떻게 바꿀지를 눈으로 확인할 수 있도록 궁리합시다.

SNS를 활용한 자기 실험

개입을 시작하고 나서도 베이스라인기와 마찬가지로 기록을 하고 그래프를 계속 그리면서 개입 효과를 평가합니다. 개입 계획을 실행할 때 주의해야 할 점은 다음과 같습니다.

- 적어도 네댓 번은 측정을 계속한다(원칙).

즉시 효과가 나와서 행동이 눈에 보이게 바뀌는 경우와 효과가 나오기까지 얼마간 시간이 걸리는 경우가 있습니다. 어떤 경우든 개입을 시작한 뒤의 수준·경향·변동을 확인할 수 있게끔 네댓 번은 측정을 계속합시다.

- 계획대로 실행하는 행동을 강화하는 장치

나 자신 실험에서 가장 큰 난관은 계획대로 개입을 실행하는 것입니다. 특히 스스로 수반성을 조작하는 개입에서는 이 부분에서 실패할 위험성이 가장 높습니다.

앞서 말한 저의 예로 보면, 평일에 감자 칩을 먹고 달력의 술자리에 'X'를 쳤음에도 불구하고 막상 술자리에 가면 맥주를 시켜버리고 맙니다. 대책은 물론 계획대로 실시하자고 '명심하는' 것이 아닙니다. 계획대로 실시할 수 없는 이유는 '의지가 약해서'이니, '마음을 바꿔서 열심히 해 보겠습니다' 하면서 도로 아미타불이 되지 않게 해야 합니다.

가장 큰 난관을 극복하려면 역시 수반성입니다. 가령 제 경우 술자리에서 처음에 우롱차를 주문할 때 그 이유를 친구에게 설명하고 협력해 달라고 부탁합니다. 첫 잔은 참을 수 있어도 시간이 좀 지나면 아무래도 맥주를 마시고 싶어지리라고 예상할 수 있기 때문에 만일 주문을 할 것 같으면 "언행이 일치하지 않잖아!"라고 지적해 달라고 부탁하는 거지요. 즉 주문 행동을 약화하는 사회적 수반성을 설정합니다.

술자리이다 보니 친구도 술에 취해 얼마 안 가 "그런 따분한 소리 하지 말고 마시자"라고 반대 방향의 압력을 가할 때도 있습니다. 그렇게 될 것 같은 친구와 술을 마실 경우 저는 처음부터 차로 술자리에 가는 방법도 썼습니다. 음주 운전은 처벌이 엄해져 강한 약화 수반성이 작용할 뿐 아니라 도쿄에서 대리운전을 부르면 지방과는 비교가 안 될 정도로 시간과 돈이 들기 때문에 이를 통해서도 강한 약화 수반성을 설정할 수 있습니다.

대학 수업에서 나 자신 실험을 학생들에게 과제로 내주면 80%가 넘는 학생들이 행동을 바꾸는 데 성공합니다. 이 이야기를 하면 성공하는 것은 수업 과제라서가 아니냐는 둥 좋은 성적을 받고 싶어서가 아니냐는 둥 하는 의견을 들을 때도 있습니다. 물론 그렇습니다.

수업에서는 행동 기록이나 그래프, 수반성 다이어그램 등을 과제로 제출하게 하는데 이것들도 성적의 일부입니다. 기말에 제출하는 리포트는 나 자신 실험의 보고서이고 이것도 성적의 일부분입니다. 행동이 변용했는지 아닌지는 평가 기준이 아니지만, 이러한 학습 환경이 자기 행동을 바꾸는 데 가장 큰 난관이 되는 과제인 수반성 조작에 영향을 주는 것은 분명합니다.

수업을 받을 때에나 잘 된다면 의미가 없다고 생각할 수도 있겠지만 그렇지 않습니다. 필요한 것은 수업을 받고 있을 때와 동등한 수반성을 설정하는 것이기 때문입니다.

요즘에는 블로그나 트위터, 페이스북 등 인터넷을 매개로 한 사회적 수반성이 일상화돼 있습니다. 예를 들어 트위터에 나 자신 실험에 대해 쓰고 그 경위나 성과를 보고하여 친구들의 코멘트를 받음으로써 개입을 계획대로 실시하는 행동을 강화하는 장치를 만들 수 있습니다. 저도 책을 집필할 때나 다이어트를 할 때 블로그나 트위터를 쓴 적이 있습니다.

인터넷의 사회적 수반성을 써서 자기 관리를 지원하는 서비스도 존재합니다. 행동 경제학이 전문인 예일 대학교의 딘 칼런 교수 등이 개설한 웹 사이트 스틱닷컴(http://www.stickk.com/ 목표를 달성하지 못하면 미리 정해 둔 상대에게 얼마의 돈을 기부한다는 계약을 스스로와 맺는 시스템)이나 데이비드 알렌 씨가 제창한 GTD(Getting Things Done)라는 업무 흐름 관리법의 아이디어를 살린 각종 소프트웨어나 앱 예컨대 Doit.im(http://doit.im/ja/) 등은 잘 알려져 있습니다.

저도 이러한 웹 서비스 개발에 감수자로 참여한 적이 있습니다. 다이어트를 지원하는 Kzoku(http://diet.kzoku.jp/)나 학습을 지원하는 스터디 플러스(http://studyplus.jp/) 등입니다.

기록을 시각화하고 평가한다

개입기에도 베이스라인기와 마찬가지로 기록한 데이터를 꺾은선 그래프로 시각화합니다. 베이스라인기, 개입기를 각각 다른 그래프로 만들어서는 안 됩니다. 하나의 연속된 그래프로 작성합니다.

그림 4-6은 제 그래프입니다. 베이스라인기의 선과 개입기의 선은 연결하지 않습니다. 그 편이 둘을 비교하기 쉽기 때문입니다. 그리고 베이스라인기의 선과 개입기의 선이 나뉘는 곳에 세로 점선을 긋습니다. 이로써 좌우의 꺾은선을 비교하기가 한층 더 쉬워집니다. 이 선을 '조건 변화선'이라 부릅니다.

그림 윗부분에는 각 시기의 명칭을 기입합니다. 어떠한 조건에서 어떠한 데이터를 얻었는지 알아보기 쉽기 때문입니다. 따라서 개입기에는 어떠한 개입이었는지 알 수 있는 이름을 붙입시다.

원래 이 실험에서는 집에서 마신 캔 맥주 하나가 1점, 감자 칩이 2점, 그 외 안주가 2점이라는 식으로 점수를 붙였는데, 여기서는 간략히 맥주를 마셨는가, 감자 칩도 먹었는가, 둘 다 먹지 않고 마시지 않았는가 세 가지로 다시 분류하여 그래프를 그렸습니다.

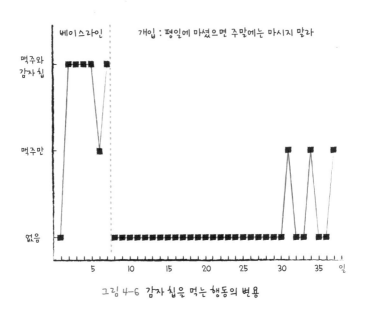

그림 4-6 감자 칩을 먹는 행동의 변용

그 편이 알기 쉽다면 이처럼 그래프 세로축을 숫자가 아니라 종별이나 항목으로 해도 무방합니다.

세로축이 0인 데이터(여기서는 '없음'의 데이터)가 많이 있으면 꺾은선과 가로축이 겹쳐져서 읽기가 어려워집니다. 이 경우에는 세로축과 가로축이 교차하는 위치를 비끼면 이 그림처럼 선이 위쪽으로 올라오게 그려집니다.

실시간으로 작성하면서 필요에 따라 경향선을 그려 넣어 데이터를 평가합니다.

베이스라인기와 마찬가지로 수준·경향·변동을 확인합니다.

그리고 조건 변화선을 사이에 둔 그림 왼편(베이스라인기)과 오른편(개입기)을 비교하여 개입을 통해 행동이 변화했는지를 평가합니다.

제 예에서는 개입을 통해 확실히 맥주와 감자 칩을 마시고 먹는 빈도가 떨어졌습니다. 어마어마한 효과라고 해도 좋겠지요. 하지만 그림 4-6을 보면 알 수 있듯 개입을 시작하고 3주가 지나면 맥주를 마시는 날이 다시 생기기 시작합니다. 체중에 관한 목표를 달성하여 여기서 나 자신 실험을 종료했기 때문에 그 뒤의 기록은 없습니다.

같은 개입을 계속하다 보면 효과가 사라질 때가 있습니다. 일반적으로는 매너리즘이라고 하지만, 매너리즘 때문에 효과가 없어졌다고 설명한다면 1장에서 해설한 순환론의 함정에 빠지게 됩니다.

개입에 단기적인 효과밖에 없을 때에도 수반성 다이어그램으로 돌아가서 그 원인을 추측해 봅시다.

제 경우 정월에 살이 찐 것이 이 나 자신 실험의 발단이었습니다. 이 살이 빠지면서 베이스라인 초기에 비해 체중이 3킬로그램 가까이 감소하여 목표 체중에 도달했습니다.

어쩌면 개입 초기에는 체중계에 올라갈 때마다 체중이 줄어들어 있는 것이 강화제가 되어 맥주가 아니라 식초 음료를 마시는 행동이 유사 강화로 통제되었는지도 모릅니다. "오늘도 맥주를 안 마시면 또 체중이 500그램 줄어들겠지"라는 규칙에 의한 통제입니다. 그런데 체중이 충분히 줄어들어 체중 감소에 대한 확립 조작이 듣지 않게 되면서 똑같은 규칙이 기능하지 않게 됐을 수도 있습니다. 혹은 식초 음료에 포만이 일어났을 수도 있고, 술자리에서 맥주를 마시지 않고 우롱차로 흥을 내는 행동이 강화되어 이 사태를 회피하는 것이 확립 조작으로 기능하지 않게 됐을 수도 있습니다.

매너리즘이라는 한마디로 정리해 버리면 원인을 알 수 없습니다. 물론 추측만 한다고 원인을 알 수는 없지만 다음에 같은 개입을 시도하여 이번에는 더 오래 지속하는 효과를 필요로 할 때에는 이러한 고찰이 도움이 됩니다.

인과관계를 조사하려면

이 책에서 소개하는 나 자신 실험 방법은 행동분석학의 단일 사례 설계라 불리는 연구법 가운데 'AB법'에 해당합니다. AB법에서 A는 베이스라인기, B는 개입기를 가리키는데, 이 둘을 비교하는 가장 단순한 실험 계획법입니다.

단순한 만큼 이 방법으로 알 수 있는 것에는 한계가 있습니다. 베이스라인기와 개입기의 데이터를 비교하여 수준·경향·변동에 차이가 있는지 여부는 알 수 있습니다. 단, 이것이 개입으로 일어난 변화라고 단정할 수는 없습니다. 개입과 행동 변용 사이에 인과관계가 있다는 결론을 내릴 수는 없다는 말입니다.

제 예에서 보면, 어쩌면 개입을 시작하기 전날 밤에 갑자기 충치 때문에 아파서 아무 것도 먹을 수 없어졌을 수도 있습니다. 맥주 가격이 급등했을 수도 있고, 가족이 큰 사건에 휘말려 맥주를 마시고 있을 상황이 아니었을 수도 있습니다.

개입 이외에 행동에 영향을 줄 것 같은 변인을 '가외 변인'이라 부릅니다. 인과관계를 보여 주기 위해서는 가외 변인의 영향을 가능한 한 배제할 필요가 있습니다.

행동분석학은 가외 변인을 배제하기 위해 다양한 실험 계획법을 개발했습니다. 자세한 내용은 참고문헌을 참조해 주세요.

그런데 가외 변인의 영향을 제거하고 인과관계를 조사하는 이점은 무엇일까요?

하나는 이해의 정확성입니다. 나 자신 실험에서는 수반성을 추정하고 이에 근거하여 개입을 생각한 뒤 그 효과를 검증합니다. 개입이 예상대로 행동을 변용시켰다면 수반성을 정확하게 추정했을 가능성이 커집니다. 다만 가외 변인이 배제되지 않은 상태에서라면 이는 가능성에 지나지 않으므로 정확한 이해는 뒤로 미루어집니다.

둘째로 착각을 예방하는 것입니다. 가외 변인이 목표 행동에 영향을 주고 있을 가능성조차 깨닫지 못하고 있으면 실은 효과가 없는 개입을 효과가 있다고 착각하게 됩니다. 어쩌면 행동 변용에 불필요한 개입을 모르고 계속하거나 다른 사람에게 권할지도 모롭니다.

행동분석학 연구가 가외 변인을 배제할 수 있는 실험 계획법을
이용하는 데에는 과학으로서 행동의 통제 변인에 관한 이해의 정
확성을 높일 뿐 아니라 연구를 통해 알게 된 내용을 응용할 때의
효율성을 높인다는 두 가지 의의가 있습니다.

성공하든 실패하든 '자기 이해'

나 자신 실험에서는 정밀한 실험 계획법까지 써 가며 인과관계를
증명하는 데 매달릴 이유는 없는 것 같습니다. 하지만 자기실현과
자기 이해를 심화한다는 의미에서는 달리 할 수 있는 일이 있습니
다. 바로 재현을 통한 검토입니다. 재현이란 하나의 실험에서 알
게 된 내용을 반복하는 것입니다.

예를 들어 마라톤 대회에 참가하려고 결심했는데 연습이 잘 되
지 않을 때, 매일 달릴 거리의 목표를 정하고 어느 정도로 달렸는
지를 페이스북에 올려 마라톤 친구에게 '좋아요'를 받음으로써 목
표를 달성할 수 있었다고 합시다. 대회가 끝난 뒤에 다음 대회를
위해 연습을 하려고 했지만 또 건너뛰기 일쑤라면 다시 한 번 페
이스북을 써 봅니다. 이렇게 해서 처음과 똑같이 매일 연습을 할
수 있게 됐다면 페이스북의 '좋아요'를 통한 마라톤 연습 지원 효
과를 '재현'할 수 있어 인과관계 증명에 한 걸음 다가서게 됩니다.

지난번과 달리 목표를 달성할 수 없었다면 수반성 다이어그램으로 돌아가서 원인을 추정하여 개입 계획을 개선합니다. 이 경우 재현은 실패했지만 실패로 끝내지 않고 행동이 바뀔 때까지 계속 개선해 봄으로써 최종적으로는 무엇이 행동을 바꾸는 통제 변인인지 그리고 지난번에 잘 풀린 것은 어떠한 가외 변인 때문이었는지에 대한 정보를 얻을 수 있습니다. 성공 확률을 높이면서 자기 이해의 정확성도 높일 수가 있지요.

재현을 적용하는 범위를 확장할 수도 있습니다. 마라톤 연습에 페이스북이 효과가 있음을 알았다면 기타 연습이나 집에서 요리하는 행동을 늘리는 데 써 봐도 좋을지 모릅니다. 페이스북이 아니라 트위터나 라인 등을 써 보고 같은 효과를 얻을 수 있는지 시험해 봐도 되겠지요.

이처럼 지난번 나 자신 실험에서 조건을 일부 변경하여 하는 재현을 '계통적 재현'이라고 합니다. 계통적 재현이 성공하면 지난번 나 자신 실험에서 알게 된 내용이 확장됩니다. 더욱 보편성을 갖게 된다고도 할 수 있겠지요. 자기 이해의 정확성이 한층 올라갈 뿐 아니라 알게 된 내용을 적용할 수 있는 범위도 넓어집니다.

반대로 계통적 재현에 실패하면 지난번 나 자신 실험에서 알게 된 내용을 적용할 수 있는 범위가 제한됩니다. 실패한 뒤에 수반성 다이어그램으로 돌아가 원인을 추정하고 수반성을 바꾸어 성공할 때까지 반복함으로써 새로운 조건에서 행동을 통제하는 변인을 알게 됩니다. 즉 성공하든 실패하든 자기 이해의 정확성은 올라가고 자기실현에도 가까이 다가갑니다.

여러분이 나 자신 실험에서 알게 된 내용을 다른 사람이 재현해 볼 수도 있습니다. 반대로 다른 사람이 나 자신 실험에서 알게 된 내용을 여러분의 나 자신 실험에서 재현해 볼 수도 있습니다. 계통적 재현이 성공하면 이 개입을 적용할 수 있는 범위가 넓어지고, 실패하면 이 개입은 개인차의 영향을 받는다는 사실을 알게 됩니다. 더욱더 실험을 계속하다 보면 어떠한 개인차에 영향을 받는지, 그리고 이 개인차를 극복하기 위해서는 어떻게 하면 좋을지도 알게 됩니다.

여기까지 가면 나 자신 실험의 범위를 넘어 '모두' 실험이 됩니다. 행동분석학의 학술적인 연구와 동등해지는 셈입니다. 재현과 계통적 재현은 행동분석학 연구법의 진수 중 하나지만, 이는 눈앞에 바꾸고 싶은 행동이 있으면 누구라도 할 수 있다는 의미에서 만인에게 열린 연구 방법입니다.

목표 행동의 타당성을 평가한다

개입을 통해 목표 행동이 바뀌었음을 확인했다면 달성 목표를 측정합니다. 목표 행동이나 퍼포먼스와 마찬가지로 달성 목표를 매일 측정할 수 있는 경우도 있겠고, 며칠에 한 번씩만 측정할 수 있는 경우도 있겠지요. 어쨌든 목표 행동과 달성 목표 둘 다에서 의도한 변화를 확인할 수 있었다면 이 목표 행동 선택은 타당했다고 할 수 있습니다.

목표 행동이 의도대로 바뀌었는데도 달성 목표에 이르지 못했다면, 이 목표 행동이나 목표치로는 불충분하여 개선이 필요하다고 할 수 있습니다.

목표 행동은 바뀌지 않았는데 달성 목표에 도달했다면, 목표 행동 외에 가외 변인이 존재하리라고 생각해 볼 수 있습니다. 어쩌면 목표 행동을 변화시킬 필요는 없었을 가능성도 있습니다.

이렇게 타당성을 평가한 뒤에 나 자신 실험을 끝낼지 계속할지를 정하게 되는데, 그 전에 제 예를 한번 볼까요. 그림 4-7은 체중 변화 그래프입니다. 체중은 감소했고 앞에서 썼듯 달성 목표에도 도달했으므로 성공한 사례이기는 하지만 해석하기는 어려운 데이터입니다.

4분할법을 써서 그려 넣은 경향선을 보면 알 수 있듯 체중은 베이스라인기에도 감소 경향을 보입니다. 이 기간 동안 목표 행동은 안정적으로 유발되고 있으니, 적어도 체중 감소와 목표 행동의 관련성은 낮다고 할 수밖에 없습니다. 게다가 개입기의 경향선이 보이는 기울기는 베이스라인기에 비해 완만해졌습니다. 목표 행동 빈도는 거의 제로까지 떨어졌는데도 말입니다.

애초에 이 프로젝트는 정월에 찐 살을 빼는 것이 목표였습니다.

연말연시에 폭음과 폭식을 해서 일시적으로 늘어난 체중이 식생활이 평소대로 돌아가면서 감소했다고 생각하는 편이 자연스러워 보입니다. 이 데이터를 보고 감자 칩을 먹는 행동을 줄이는 것이 체중 감소에 타당성이 있었다고는 말할 수 없습니다.

　수업에서 나 자신 실험을 실습하면 계획한 대로 행동이 바뀌는 것이 '정답'이고 바뀌지 않는 것은 '오답'이라고 착각하는 학생이 나옵니다. 줄곧 성실하게 공부해 온 우등생일수록 이러한 경향이 있는 것 같습니다.

　실험은 해 보지 않으면 모를 때 하는 것입니다. 결과를 확실히

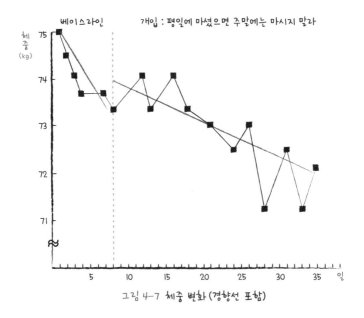

그림 4-7 체중 변화 (경향선 포함)

안다면 실험을 할 필요도 없고 해 봤자 재미도 없습니다.

결과가 예상대로 나오지 않았을 때 그 이유를 생각하고 잘될 때까지 조건을 바꾸어 도전하는 것이 실험의 묘미입니다. 학기 말 강의 평가에 이러한 실험의 재미를 깨달았다거나 실험을 함으로써 자기 자신이나 타인에 대한 생각과 발상이 극적으로 바뀌었다는 감상을 적는 학생이 있는데, 교사가 된 보람을 느끼는 순간입니다.

내 행동에 직접 개입하기

개입을 언제까지 계속할지에 대해서는 종료 기준을 사전에 정해 놓고 여기에 도달한 시점에서 판단합니다. 가령 '목표 행동의 빈도가 나흘 동안 연속해서 목표를 넘었을 때' '목표로 삼은 퍼포먼스의 최근 사흘 동안의 평균치가 목표치를 밑돌면' 이런 식으로요.

행동이 기대대로 바뀌지 않았을 때를 위해 변경 기준도 정해 놓읍시다. 가령 '목표 행동의 빈도가 2주가 지나도 목표를 넘지 못할 때' '닷새가 경과해도 경향이 바뀌지 않을 때' 이렇게요.

행동이 기대대로 바뀌지 않았을 때에는 개입기 기록을 검토하고 수반성 다이어그램으로 돌아가 수반성에 대한 추정을 다시 한번 살펴봅니다. 강화제를 출현시켜서 강화를 노렸는데 그 강화제가 착각한 강화제였거나 충분한 강화력을 가지고 있지 않았다, 혹은 계획대로 개입을 실시하지 않았다 같이 원인을 추정합니다.

PDCA 사이클은 Plan(계획), Do(실행), Check(평가), Act(개선)를 반복하여 업무를 계속하며 개선해 나가는 방법인데, 나 자신 실험의 사고법에는 처음부터 이 PDCA 사이클이 들어가 있습니다. 행동 기록에 근거하여 행동 수반성을 해석하고 사이클을 돌리면서 자기 이해와 자기실현을 심화한다고 생각하면 됩니다.

개입해도 행동이 바뀌지 않을 때에는 혹시라도 도로 돌아가서 개인 공격의 함정에 빠지거나("역시 나는 재능이 없어" 등) 해결책에 덤벼들거나(원인을 추정하지 않고 "이렇게 된 이상 ○○밖에 없어" 등) 하지 않도록 주의합시다.

잘되지 않은 원인을 추정했으면 여기에 대응하게끔 개입을 개선하여 실행합니다. 기록을 계속하면서 그래프로 시각화합니다. 그래프에는 새롭게 조건 변화선을 추가해 꺾은선을 연결하지 않고 오른쪽에 새로운 꺾은선을 덧붙여 나갑니다.

그림 4-8은 우쿨렐레 연습 행동을 늘리기 위해 제가 한 나 자신 실험의 결과입니다. 세로축은 누적 연습 시간입니다. 하와이 여행에서 돌아와 우쿨렐레와 교본을 구입하여 얼마 동안은 연습을 했지만 어느새 처박아 두고 1년 넘게 거들떠보지도 않았습니다. 그래서 나 자신 실험을 해 보기로 했습니다. 베이스라인기는 0의 행진입니다(그림 왼쪽).

첫 번째 개입은 인터넷에서 혼자 공부할 수 있는 유료 레슨을 계약한 것입니다. 월 정액제이기 때문에 연습을 하지 않으면 월

수강료를 낭비하게 된다는 수반성이 연습 행동을 늘려 주리라고
예상했지만, 전혀 효과가 없었습니다(그림 중간 부분).

그래서 수반성을 다시 검토하여 우쿨렐레를 칠 때마다 장에서
케이스를 꺼내고 케이스에서 우쿨렐레를 꺼낸다는 행동 비용이
연습을 약화시킬 수도 있다고 추측하여 우쿨렐레 본체를 컴퓨터
책상 바로 옆에 두기로 했습니다. 그랬더니 일하는 사이사이에 5
분이나 10분씩 짧은 시간이나마 연습을 하는 행동이 유발됐습니
다(그림 오른쪽).

우쿨렐레 위치를 바꾼 뒤에도 온라인 레슨은 해지하지 않았으
므로 온라인 레슨에 관한 수반성은 이어지고 있습니다. 두 번째
조건 변화선을 짧게 만들고 온라인 레슨 계약이라는 조건 이름을

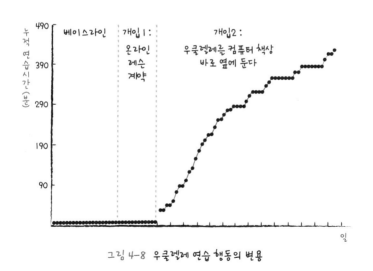

그림 4-8 우쿨렐레 연습 행동의 변용

두 가지 개입과 나란히 표시함으로써 이 변인은 공통적임을 시각적으로 보여 줍니다.

　이것은 수업 시간에 학생들과 함께 실시한 나 자신 실험입니다. 학기가 끝나는 동시에 종료되어 기록도 하지 않고 그래프도 그리지 않은 채 얼마간 연습을 계속했지만, 한 달도 지나지 않는 사이에 다시 연습을 하지 않게 됐습니다. 아까워서 온라인 레슨도 해지했습니다. 알게 된 것은 초심자인 내게 우쿨렐레 연습은 2장에서 소개한 수행과 같은 연습 단계라 깨끗한 소리나 멜로디를 낼 수 있어서 강화되는 단계까지는 도달하지 못하여 어떠한 사회적 강화 수반성이 필요했다는 점입니다. 그래서 지금은 한 달에 한번 대면 레슨을 받아서 일주일에 서너 번이라는 안정적인 연습 행동이 유발되고 있습니다.

　시력이 떨어져서 주변이 잘 보이지 않는 사람이 콘택트렌즈를 껴서 잘 보게 됐다고 해 봅시다. 잘 보인다고 해서 콘택트렌즈는 이제 필요 없는 것은 아니지요.

　마찬가지로 내 행동이 바라던 대로 바뀌었다고 해서 개입을 그만둬 버리면 행동은 자연스럽게 원래대로 돌아갑니다. 그러므로 나 자신 실험에서 효과적인 개입을 발견했다면 실험이 끝나서도 개입을 계속하는 방법도 있습니다. 개입을 그만해 보고 그래도 목표 행동을 계속할 수 있는지를 확인하고 나서 판단하는 것도 물론 가능합니다.

개입을 계속하지 않으면 행동이 원래대로 돌아가 버린다고 해서 의미가 없지는 않습니다. 지금까지는 하려고 생각하면서도 하지 못했던, 그만두고 싶어도 그만두지 못했던 행동도 여차하면 어떻게든 된다는 것 그리고 어떻게 하면 좋을지를 안다는 것은 커다란 진전입니다.

내 행동의 통제 변인을 알았다고 해서(자기 이해) 행동을 바꾸어야만 하는(자기실현) 것도 아닙니다. 감자 칩을 먹는 행동의 통제 변인을 알고 이를 줄일 수 있는 개입을 알았다고 해서 개입을 하느냐 마느냐는 또 다른 이야기입니다. 정확하게는 그 판단(행동)의 통제 변인에 따라 다릅니다.

때때로 모처럼 효과적인 개입을 발견했는데 계속하지 못하다니 나는 얼마나 칠칠치 못한가 하고 개인 공격의 함정으로 돌아가 버리는 사람이 있지만 이는 본말 전도입니다. 나 자신 실험은 내 행동의 통제 변인을 나에게서가 아니라 수반성에서 찾는 방법입니다. 개입을 계속할 수 없다면 이는 개입을 계속하기 위해 필요한 행동을 강화하는 수반성이 충분치 않다는 뜻입니다. 그냥 그뿐입니다.

행동분석학에 근거한 ACT(Acceptance and Commitment Therapy)라는 카운슬링에서는 수반성이 불충분한 상태를 포기하거나 내버려 두는 연습을 합니다. 일반인을 대상으로 한 워크북도 나와 있으니 개인 공격의 함정으로 곧잘 돌아가는 사람은 이러한 워크북에 실려 있는 연습을 해 보면 좋을 수도 있습니다(스티븐 헤이즈, 스펜서 스미스,《마음에서 빠져나와 삶 속으로 들어가라》학지사).

알게 된 내용을 정리한다

나 자신 실험에서 알게 되는 것은 자기 행동의 통제 변인입니다.

어떠한 행동을 어떠한 수반성이 통제하는지, 강화제나 혐오 자극에는 어떠한 것들이 있는지, 행동 수반성이 어떻게 바뀌면 이에 대응해 행동이 어떻게 변화하는지 등입니다.

제 수업에서는 학생들이 수업 마지막에 나 자신 실험 리포트를 작성하여 나 자신 실험에서 알게 된 내용을 정리합니다.

다음 장에서는 지금까지 제출된 몇백 편의 리포트에서 대표적인 것을 골랐습니다. 대표적이라는 말은 성공했다거나 잘했다는 뜻이 아니라 나 자신 실험을 진행하는 가운데 흔히 생기는 문제점이 뚜렷하게 드러났다는 뜻입니다.

나 자신 실험에 도전할 때 저지르기 쉬운 실수나 걸리기 쉬운 장애물을 알기 쉽게 전달하기 위해 이야기 풍으로 썼습니다. 3장과 마찬가지로 리포트 내용에 근거하고는 있지만 이야기와 관련된 설정 등은 리포트 내용을 공표하는 데에 동의해 준 학생들 본인과는 무관한 제 창작임을 미리 밝힙니다.

5장

소소하고 무한한 행동의 법칙

다양한 버릇과 다양한 극복 사례

이 장에서는 나 자신 실험의 사례를 10개 소개합니다. 제 수업을 이수한 학생들이 실제로 한 나 자신 실험의 리포트를 근거로 쓴 '실제 데이터에 근거한 이야기'입니다. 제 개인의 사례도 하나 포함하고 있습니다.

4장에서 설명했듯 나 자신 실험은 각자가 자신의 목적을 달성하거나 문제를 해결하기 위해서 하는 것입니다. 실험 방법론은 공통되지만 목표 행동은 사람에 따라 다릅니다. 늘리고 싶은 행동이 늘지 않는 원인이나 줄이고 싶은 행동이 줄지 않는 원인 그리고 이를 해결하는 개입을 추정하거나 계획하는 방법은 공통되지만 무엇이 잘될지는 천차만별입니다.

어떤 사람이 다이어트에 도전한 나 자신 실험에서 잘된 방법이 그대로 다른 사람에게도 유효할지는 해 보지 않고서는 모릅니다. 유효하지 않을 가능성도 많습니다.

그렇다면 다른 사람의 사례를 읽어 봤자 아무 도움이 되지 않겠다고 생각할 수도 있습니다. 하지만 여기서 여러분이 배웠으면 하는 것은 개입 자체가 아니라 잘되는 개입을 찾아내는 방법과 사고법입니다.

이를 위해 가능한 한 다양한 사례를 준비했습니다.

또한 각각의 사례를 소개하면서 나 자신 실험을 할 때 저지르기 쉬운 실수도 언급했습니다. 지금까지 설명한 절차를 되돌아보면서 이해가 심화될 수 있기를 바랍니다.

이야기에 집중하여 나 자신 실험의 흐름만 포착할 것인가, 앞 장으로 돌아가 전문 용어에 대해 조사하면서 읽을 것인가. 각자 추구하는 바에 따라 읽어 주시면 좋겠습니다.

그러면 시작해 볼까요.

오랜 버릇을 고친다

제게는 뼈 소리를 내는 버릇이 있습니다. 장시간 책을 읽거나 하여 어쩐지 기분 전환을 하고 싶을 때 왼손으로 오른손 손가락을 꺾어 뚝뚝 소리를 내거나 목을 세게 젖혀서 두둑 소리를 냅니다.

친구가 기분 나빠할 때도 있고, 소리를 내고 있으면 뼈가 삐뚤어진다고 경고하는 사람도 있었습니다. 몇 번이나 그만두려고 했지만 지금까지 그만두지 못했습니다.

그래서 뼈에서 소리를 내는 행동을 목표 행동으로 나 자신 실험에 도전했습니다. 측정 시간은 깨어 있는 동안입니다. 뼈에서 소리를 내면 스마트폰 앱으로 메모하여 자기 전에 그날 하루에 뼈에서 소리를 낸 횟수를 집계하여 기록 용지에 써 넣었습니다.

그림 5-1에서 알 수 있듯 뼈에서 소리를 내는 횟수는 베이스라인기에 6회~20회입니다. 좀 더 횟수가 많다고 생각하고 있었기에 조금 뜻밖이었습니다. 어쩌면 기록을 하기 시작함으로써 횟수가 줄었을지도 모릅니다.

수반성도 추정해 봤습니다. 어깨의 경우에는 같은 자세로 있다 보니 근육이 굳어졌을 때 목을 기울여서 펴 주면 근육이 풀어지기 때문에 이 행동이 강화될 수도 있겠다는 생각이 들었습니다. 하지만 손가락의 경우에는 뭉치는 감각이 없으니 해당되지 않는 것 같습니다.

어쩌면 오랫동안 이 버릇을 반복하다 보니 뼈가 울리는 소리가 습득성 강화제가 됐을지도 모릅니다. 소리가 날 때까지 손가락을 계속 꺾거나 어깨를 기울이는 경향이 있기 때문에 이렇게 생각했습니다. '기분 나쁘다' '시끄럽다' 같은 말을 들으면 분명 신경이 쓰이지만 이런 남들의 반응이 때로는 주목을 얻는 것으로서 뼈에서 소리를 내는 행동을 강화하고 있는지도 모릅니다.

베이스라인기에 스마트폰으로 기록하면서 책을 읽을 때나 수업 중에 그리고 빌려 온 영화를 집에서 볼 때 등에 뼈에서 소리를 내는 경우가 많고 식사를 할 때나 걸을 때처럼 뭔가 따로 몸을 움직이고 있을 때에는 뼈에서 소리를 내지 않는다는 점을 깨달았습니다. 그렇다면 한동안 가만히 있는 것이 확립 조작으로 작용하여 손가락이나 어깨가 '두둑' 하는 감각이 강화제로 기능하는 것일지도 모릅니다.

손가락을 꺾거나 어깨를 기울이면 자동적으로 이러한 감각이 생기니까 이 수반성을 끊고 소거하기란 어려울 것 같습니다. 그래서 목표 행동을 소거하는 것은 포기하고 새로운 수반성을 추가하기로 했습니다.

바로 뼈에서 10번 넘게 소리를 낸 다음 날에는 좋아하는 페트병 홍차 음료와 초콜릿을 참는다는 개입입니다. 10번이라는 목표는 베이스라인기의 데이터에서 지금까지 하던 대로 뼈에서 소리를 내도 홍차와 초콜릿을 전혀 못 먹게 되지는 않을 만한 수치를 골랐습니다. 이렇게 해서 뼈에서 소리를 내는 것을 참는 행동을 강화할 생각이었습니다.

그러자 선생님이 "참는 것은 행동이 아니야"라고 하셨습니다. 다시 생각해 보니 참는다는 것은 손가락을 꺾지 않고 목을 기울이지 않는 것입니다. 둘 다 죽은 사람의 특기니까 확실히 행동은 아닌 셈입니다.

하지만 어쩐 여우에 홀린 듯한 느낌이 남습니다. 두둑거리고 싶다는 충동에 휩쓸려 목을 오른쪽으로 기울인 바로 그때 "안 돼!"라고 생각하고 반대 방향으로 힘을 주어 원래대로 돌아가는 것은 죽은 사람은 못하는 일이니까 행동 아닌가요?

이렇게 질문하자 선생님은 "맞는 말이야"라고 하셨습니다. "잘 생각했어" 하고 칭찬도 받았습니다.

'안 돼!'라고 생각하는 것도, 반대 방향으로 힘을 주거나 왼손으로 오른손 손가락을 꺾지 않게끔 왼손을 흔들흔들 흔드는 것도 행동이라고 합니다.

하지만 칭찬을 받고 기뻤던 건 잠깐이었습니다. "하지만 그건 줄이고 싶은 행동이 아니지"라는 한마디. 그리고 "줄이고 싶은 목표 행동은 뭐지?"라는 질문을 받았습니다.

"뼈에서 소리를 내는 행동입니다."

"그렇지. 뼈에서 소리를 내면 어떻게 되지?"

"하루에 10번 넘게 소리를 내면 다음 날 홍차를 못 마시고 초콜릿을 못 먹어요."

"소리를 내지 않으면?"

"홍차를 마실 수 있고 초콜릿을 먹을 수 있습니다."

"그렇다면 목표 행동으로 환경이 어떻게 변화한 게 되지?"

"강화제 출현이 저지됩니다."

"그렇지. 단, 저지되는 것은 다음 날이니까 이건 유사 약화야."

"그렇군요."

그림 5-2가 현재 상황의 수반성에 개입의 수반성을 추가한 다이어그램입니다.

이렇게 해서 우선 첫 번째 개입 계획이 정해졌습니다. 베이스라인기의 데이터가 다소 상승 경향을 보이고 있음을 경향선을 그려서 확인한 다음에 첫 개입을 시작했습니다.

그림 5-2에서 알 수 있듯 이 개입1('홍차와 초콜릿 출현 저지로

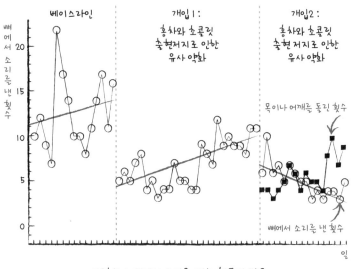

그림 5-1 뼈에서 소리를 내는 행동의 변용

인한 유사 약화')에는 효과가 있었습니다. 목표 행동의 수준은 곧장 떨어졌고 하루에 5번 정도의 빈도로 2주 가까이 안정돼 있었습니다.

그런데 그 뒤 목표 행동이 늘어나기 시작하더니 목표인 10번 전 후에서 안정돼 버렸습니다. 매일 마시고 먹음으로써 포만이 일어 나 홍차와 초콜릿이 강화제로 기능하지 않게 됐는지도 모릅니다.

개입을 하는 동안 내 행동을 관찰해 봤더니 예상했던 대로 뼈에 서 소리를 내고 싶은 충동에 휩싸일 때 소리를 내지 않고 목이나 어깨를 돌리는 행동이 유발되었고 그러면 뚝 소리를 내지 않아도 될 때가 많다는 점을 알게 됐습니다.

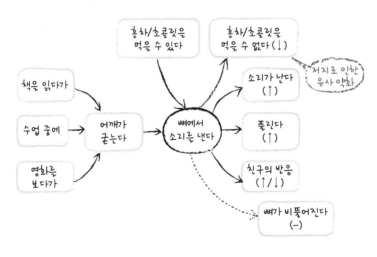

그림 5-2 왜 뼈에서 소리를 내는가: 현재 상황의 ABC 분석

그렇다면 다음에는 이것을 목표 행동으로 정해서 늘리면 됩니다. 이렇게 생각한 나는 목이나 어깨를 돌리는 행동을 두 번째 목표 행동으로 정하고 기록하기 시작했습니다.

개입1에서는 이 행동을 측정하지 않았기 때문에 수준을 비교할 수는 없지만, 실제 느끼기에는 늘어난 것 같습니다. 그리고 아마 그 때문일 것 같은데 뼈에서 소리를 내는 행동은 다시금 줄어들기 시작했습니다.

그림 5-1에서는 개입2로 이행한 뒤 2주 정도 만에 두 가지 목표 행동의 수준이 역전됐음을 알 수 있습니다. 목은 역시 단단히 굳은 어깨 근육의 일시적인 이완이 강화로 기능했고, 이를 목이나 어깨를 돌리는 행동으로 대체할 수 있었던 모양입니다. 하지만 손가락은 그렇게 되지 않아 아직 남아 있나 봅니다. 다음에 나 자신 실험을 할 때에는 목과 손가락을 나누어서 측정할 생각입니다.

이 나 자신 실험을 해 보고 놀란 이유는 지금까지 오랫동안 고치려고 해도 고쳐지지 않던 버릇을 이렇게 간단히 줄일 수 있었기 때문입니다.

적어도 이 버릇에 관해서는 내가 마음먹은 대로 된다는 것을 알았습니다. 그리고 어쩌면 지금까지 마음먹은 대로 되지 않는다고 포기하고 있던 다른 일들도 마음먹은 대로 될지 모르겠다고 생각하게 됐습니다.

교통카드를 찾느라 허둥댄다

요령이 좋은 편은 아닙니다. 그 점은 스스로도 알고 있습니다. 전차나 버스를 탈 때에는 교통카드를 쓰는데 개찰구를 드나들 때 카드가 어디에 있는지 몰라서 행렬 맨 앞에서 갈팡질팡하다 점점 더어쩔 줄 모르게 됩니다.

친구는 "정신 좀 차려"라고 어이없어 하지만 저도 스스로에게 어이가 없습니다.

그래서 나 자신 실험에서는 개찰구를 부드럽게 통과하는 것을 목적으로 정했습니다. 목표 행동을 '개찰구를 부드럽게 통과한다'라고 했더니 선생님이 문제를 제기했습니다.

"이건 행동일까?"

"죽은 사람 테스트에 걸리지 않으니까 행동이라고 생각합니다."

"그렇지. 확실히 죽은 사람은 개찰구를 빠져나가지 못해. 죽은 사람 테스트는 통과했어."

"비디오클립 법을 써서 떠올려 볼 수도 있어요."

"그렇지. 구체적으로 정의할 수도 있어."

"그럼 어디가 문제인가요?"

"역으로 질문을 할게. 너는 축구를 잘 아니?"

"네. 국립 경기장에 응원하러 다니기도 했습니다."

"좋아. 그럼 페널티 킥에서 골을 넣는다, 이건 행동일까?"

"행동이라고 생각합니다."

"비디오클립 법으로 떠올려 봤어?"

"네. 휘어지며 떨어지는 귀신같은 슛입니다."

"골키퍼도 떠올려 봤어?"

"아니오. 공을 찬 사람만 떠올렸어요."

"그럼 이번에는 아까와 똑같은 슛인데 골키퍼가 귀신 같이 잡는 모습을 떠올려 봐."

"……."(해 본다)

"차이를 알겠어?"

"잘 모르겠어요."

"슛을 하는 행동은 똑같아. 하지만 골을 넣었는지 아닌지는 다르지."

"아아, 그렇구나. 골을 넣었는지 아닌지는 행동이 아니라 행동의 소산이라는 말씀이시군요."

"그렇지!"

"제 목표 행동도 마찬가지군요."

"그래. 개찰구를 부드럽게 빠져나가는 것은 행동이 아니라 행동의 소산이야. 행동의 소산을 퍼포먼스로서 측정하는 데는 문제가 없지만 수반성을 분석하려면 이대로는 어렵지. 개찰구를 부드럽게 빠져나가기 위해 어떠한 행동이 필요하고 그 가운데 지금은 못하고 있는 행동이 무엇인지를 먼저 찾아보자."

선생님의 조언을 참고로 이래저래 생각해서 행동 변용의 핵심점 즉 못 하고 있는 행동은 개찰구에서 나간 뒤에 늘 똑같은 곳에 교통기드를 넣는 행동임을 깨달았습니다. 늘 다른 곳에 넣어 두니까 꺼낼 때 어디에 있는지 찾아야만 하는 거지요. 그래서 목표 행동은 '가방 안의 정해진 곳에 교통카드를 넣는다'로 했습니다.

하지만 베이스라인에 대해서는 벌써 측정이 끝났습니다. 게다가 지금까지는 교통카드를 넣을 장소를 정하지 않았으니 베이스라인에서 이것을 측정하기도 어쩐지 이상한 것 같습니다. 장소를 정하는 것이 개입이 되기 때문입니다.

그래서 선생님에게 상담했더니 측정하는 것은 행동의 소산인 퍼포먼스로 해 놓고 수반성을 추정할 때에는 목표 행동을 쓰면 된다고 하셨습니다. 그래프도 이대로 괜찮다고 하셨고요.

그런데 선생님에게 베이스라인기의 그래프를 보여 드리자 또 문제를 제기하셨습니다.

"그래프 세로축이 성공률인데 매일 개찰구를 지나가는 횟수는 정해져 있어?"

"아니오, 그날그날 다릅니다. 학교에서 돌아가는 길에 아르바이트나 쇼핑을 하러 다른 곳에 들러서 횟수가 늘어날 때도 있고, 쉬는 날에는 줄곧 집에 있었을 때도 있어요."

"0%인 부분이 그거야?"

(그래프를 잠깐 동안 주시하고 나서) "그런 날도 있고 개찰구를 한 번도 부드럽게 통과하지 못한 날도 있어요."

"그렇구나. 그럼 같은 값이라도 의미가 다르니까 그래프를 보고 평가하기가 어려워지겠네. 게다가 예를 들어 같은 100%라도 개찰구를 통과할 기회가 한 번밖에 없었을 때와 열 번 있었을 때는 역시 평가가 달라지지. 비율을 계산하기에 적합한 건 모수가 크거나 일정할 때야. 모수가 적거나 변동할 때에는 비율이 아니라 빈도를 그래프로 만드는 편이 알기 쉬워."

"확실히 그렇겠네요. 그렇담 세로축에는 개찰구를 부드럽게 빠져나온 횟수를 적으면 될까요?"

"응. 하지만 그것밖에 없으면 횟수가 늘어나도 부드럽게 빠져나갈 수 있게 됐는지, 개찰구를 지나가는 횟수가 늘었는지 알 수가 없어. 그러니까 부드럽게 빠져나가지 못한 횟수도 다른 꺾은선 그래프로 작성하면 좋아."

"그러면 두 줄의 꺾은선 그래프를 보고 비율도 확인할 수 있다는 말씀이시군요."

"그렇지. 그리고 줄곧 집에 있어서 개찰구를 통과할 기회가 없었던 날은 0이 아니라 기록이 없는 거니까 점은 찍지 말고 두도록 해. 엑셀로 그래프를 만든다면 그 데이터는 비워 두고 그래프의 데이터 선택으로 들어가서 빈 셀의 표시 형식을 '선으로 데이터 요소 연결'로 바꾸면 이 부분은 건너뛰고 꺾은선을 그려줄 거야."

선생님의 조언을 바탕으로 다시 그린 그래프가 그림 5-3입니다.

베이스라인기에는 애당초 교통카드를 넣는 곳이 정해져 있지 않았기 때문에 여기에 넣으면 OK라는 변별 자극도 없었거니와 여기에 들어갔으면 OK라는 강화제도 없었습니다. 가방을 여는 수고가 들지 않는 만큼 재킷이나 바지 주머니에 넣는 행동이 약화되기 어렵다는 측면도 있었습니다.

자주 쓰는 가방 세 개에 각각 교통카드를 넣을 부분을 정해 여기에 교통카드를 복사해서 코팅하여 만든 카드를 넣어 두기로

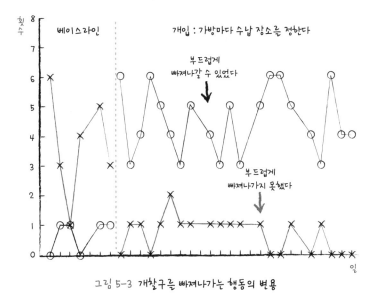

그림 5-3 개찰구를 빠져나가는 행동의 변용

했습니다. 이것이 개입입니다. 직접 만든 카드를 '여기에 넣으면 OK'라는 변별 자극으로 하고 카드와 교통카드가 겹쳐진 상태를 강화제로 해서 카드를 넣는 행동을 강화하려는 작전입니다.

선생님에게는 이 개입으로는 행동이 바뀌지 않을 수도 있다는 이야기를 들었지만, 그림 5-3에서 알 수 있듯 ○의 꺾은선과 ×의 꺾은선이 조건 변화선 앞뒤에서 교차하고 있습니다. 행동은 싹 바뀌었습니다.

개입을 시작하고 얼마 동안에는 허둥지둥하는 경우도 있었습니다. 가방 안의 수납 공간을 잊어버려서 다른 곳에 손을 넣어도 카드를 찾지 못해 안달하기도 했습니다. 하지만 3주 정도 지나자 이러한 실수도 거의 없어졌습니다.

개찰구에서 허둥지둥하는 것은 요령이 나쁘고 말하자면 모자란 성격 때문이기 때문에 어떻게 할 수가 없다고 생각했지만, 나 자신 실험을 해 보고 행동은 수반성을 바꾸면 바뀐다는 것을 잘 알았습니다.

그렇다고 해서 제 성격이 변하지는 않았습니다. 여전히 물건을 곧잘 잊어버리고 먹는 속도도 느리며 수업이 끝나고 교실을 나서는 것도 언제나 거의 마지막입니다. 어쩌면 이러한 하나하나의 행동도 수반성을 바꾸면 바뀔지 모릅니다. 하지만 저는 제 이런 느긋한 면이 꽤 마음에 들기도 하기 때문에 구태여 바꿀 생각은 없습니다.

이번 나 자신 실험은 이런 생각을 해 보는 좋은 기회가 되기도 했습니다.

나도 못 알아보는 내 글씨

대학을 졸업하고 사회인이 되어 시스템 다이어리를 쓰기 시작한 지 25년입니다. 다 쓴 리필용 내지는 해마다 파일에 철해 보존하고 있습니다.

때때로 그 시절 그때 나는 무엇을 하고 있었나 궁금해지면 그 무렵의 다이어리를 다시 읽어 봅니다. 다이어리에는 연간 예정과 목표, 또 월간 예정과 목표 그리고 매일매일의 스케줄이나 과제를 기록했습니다. 회의를 할 때에는 메모를 하는 데에도 이용했습니다.

긴 역사 속에서는 도시바의 자우루스*나 도코모의 시그마리온**에, 요즘에는 애플의 아이폰이나 아이패드에 한눈을 팔 뻔했던 적도 있지만, 결국에는 전원을 끄고 켤 필요 없이 곧장 꺼낼 수 있으며 오타를 내거나 다시 칠 필요도 없는 아날로그 방식의 손으로 쓰는 다이어리로 돌아왔습니다.

일을 할 때에도 놀 때에도 애용하면서 제 생활에 알맞게 정착

---

* 샤프에서 개발한 PDA 제품명
** 도코모의 모바일 단말기 제품명

한 습관이지만, 한 가지 과제가 있습니다. 바로 제가 악필이라는 점입니다. 다이어리니까 저만 읽을 수 있으면 되지만 저조차 읽을 수 없을 때도 있습니다. 회의 중에 쓴 메모나 달력에 쓴 메모를 못 읽겠는데 생각나지도 않을 때에는 중요한 일이면 어떡하나 걱정이 됩니다.

글씨를 못 써서 곤란한 점이 또 하나 있습니다. 관혼상제입니다. 축의금, 조의금 봉투나 접수대 방명록에 이름을 써야만 합니다. 때로 "개성 있는 글씨네요"라면서 무마해 주는 사람도 있지만 되레 부끄러워집니다.

그래서 일상적으로는 다이어리에 메모를 할 때, 비일상적으로는 관혼상제 등에서 이름을 쓸 때 적어도 반듯하고 판독이 가능한 글씨를 쓰는 것을 목적으로 나 자신 실험을 해 보기로 했습니다. 그렇다고는 하지만 쓸 수 있는데 안 쓰는 것이 아니라 쓰고 싶어도 못 씁니다. 즉 행동 레퍼토리의 결여가 문제의 원인인 셈이니, 우선은 펜 습자 교재를 구입하여 글자를 쓰는 연습을 하기로 하고 하루에 연습한 글자 수를 기록하기 시작했습니다.

'30일 만에 예쁜 글씨를 쓸 수 있다'라고 선전하는 교재였지만 연습에 좀처럼 진전이 없습니다. 아니, 그보다 연습을 하는 날과 하지 않는 날이 커다란 변동을 보였습니다.

수반성 다이어그램을 그려 보면서 원인을 생각했습니다. 당시에는 마침 손목터널 증후군이라는 병 때문에 주로 쓰는 손의 손바

닥을 수술한 뒤라서 악력이 떨어져 있었고 통증도 남아 있었습니다. 이 때문에 글자를 연속해서 쓰면 손이 아프기도 하고 견본을 베껴 써도 똑같이 예쁘게 쓸 수 없었을 뿐 아니라 연습이 끝난 뒤에 쓴 글자 수를 기록하기 위해 글자를 세는 수고가 들기도 해서 연습 행동이 강화되지 않는다는 점은 명백했습니다.

연습을 거듭하다 보면 언젠가는 글씨를 잘 쓰게 된다는 수반성은 있지만, 한 글자 한 글자 쓰는 것과 향상되는 것 사이의 관계는 '티끌 모아 태산'형이라 이것만으로는 불충분하다는 점도 추정할 수 있었습니다.

그래서 몇 가지 개입을 함께 도입하기로 했습니다. 그림 5-4가 그 수반성 다이어그램입니다.

우선 연습을 할 때에는 히라가나 따라 쓰기만 하기로 했습니다. 이러면 견본과 비슷한 글씨를 쓸 확률이 높아져서 쓰는 행동이 쓴 글자를 통해 강화되기 쉽지 않을까 기대했습니다.

다음으로 문구점에서 볼펜을 몇 종류 써 보고 가장 잘 써지는 볼펜을 사용하기로 했습니다. 요즘 볼펜은 아주 많이 진화해서 부드러운 정도가 놀랍습니다. 이러면 손목에 힘을 주지 않고 글자를 쓸 수 있습니다. 글자를 써서 생기는 통증을 경감시킴으로써 약화에서의 복귀를 노렸습니다.

마지막으로 교재는 똑같은 책을 미리 복사해 놓고 거듭해서 쓰기로 했습니다. 열 글자마다 표시를 해 놓고 복사를 함으로써 연

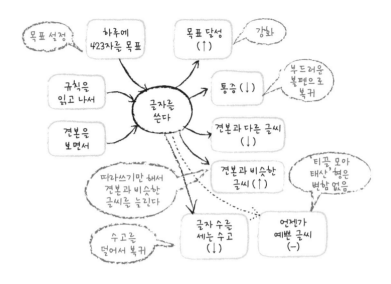

그림 5-4 어떻게 하면 글자를 쓰게 되는가: 개입의 ABC 분석

습이 끝난 뒤에 글자 수를 세는 수고와 시간 비용을 경감시켜 여기서도 약화에서의 복귀를 기대했습니다. 그리고 교재의 하루분 글자 수 423자를 그대로 목표로 설정하여 복사한 한 세트를 끝내면 목표를 달성한 것으로 했습니다. 목표 달성이라는 강화제의 출현으로 인한 강화를 기대한 셈이지요.

그림 5-5에서는 이러한 개입에 효과가 있어 예외가 하루 있을 뿐 개입 시작 후에 2주 이상에 걸쳐 목표 달성을 계속했음을 알 수 있습니다.

자, 과연 이로써 글자를 잘 쓰게 됐을까요? 그날 예정을 써 넣은 페이지를 개입 전과 후에 친구에게 보여 주어 비교하게 했더니 "정성껏 쓰게 됐네"라고 합니다. "글씨가 예뻐졌네"라고 하지는 않았지만 이는 상정한 범위 안입니다.

교재에는 삐침이나 맺음, 갈고리처럼 예쁜 글씨를 쓰기 위한 규칙도 적혀 있었습니다. 부끄럽지만 모르는 규칙도 많이 있었습니다. 전과 똑같은 쓰는 속도를 유지하면서 이러한 규칙에 따라 쓸 있는 정도까지는 가지 못했지만 정성껏 쓰기를 중시하여 규칙을 떠올리면서 천천히 쓰면 상당히 예쁜 글씨를 쓸 수 있다는 사실도 알게 됐습니다.

또한 성서 크기의 시스템 다이어리는 종이 면적이 작고(따라서

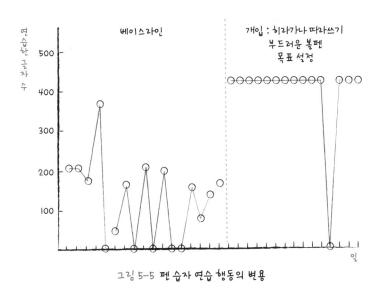

그림 5-5 펜 습자 연습 행동의 변용

글자를 작게 써야만 하고) 페이지와 커버, 커버와 책상 사이에 높낮이 차도 있을 뿐 아니라 가운데 부분의 고리도 방해가 돼서 연습용 교재와는 달리 애초에 글자를 정성껏 쓰기 어려운 구조라는 점도 알았습니다. 시스템 다이어리의 폴더에 끼워서 쓰는 4색 볼펜도 요즘의 부드러운 볼펜에 비하면 훨씬 쓰기 어렵다는 사실도 알았고요.

그래서 시스템 다이어리를 지금까지 쓰던 것의 반 정도 되는 두께로 바꾸어 높낮이 차와 고리가 작아지게 했을 뿐 아니라 4색 볼펜 대신에 잘 써지는 단색 볼펜을 사용하기로 했습니다. 그러자 도구를 바꾸기만 해도 읽기 쉬운 글자를 쓸 수 있게 된다는 사실을 알게 됐습니다. 또한 히라가나만 연습하다 보니 한자는 나아지지 않아서 같은 방법으로 한자도 연습하기 시작했습니다.

그래도 전화로 이야기를 하면서 메모를 할 때처럼 바쁠 때에는 판독하기 어려운 글자가 섞입니다. 펜 습자 연습에는 시간도 걸리고, 천천히 쓰면 예쁘게 쓸 수 있어도 서두를 때에는 똑같이 쓸 수 없다면 의미가 없습니다. 축의금, 조의금 봉투나 접수대에서 방명록을 쓸 때에는 천천히 쓰기 때문에 펜 습자 연습이 빛을 발할 수도 있지만, 메모의 경우에는 예쁜 글씨보다 판독이 가능한 글씨를 목표로 하여 서두르고 있을 때야말로 정성껏 쓰는 행동을 늘리는 것이 현실적일지 모릅니다.

그래서 이번에는 시스템 다이어리의 디바인더에 테프라*로 인쇄한 "바쁠수록 정성껏"이라는 스티커를 붙여서 이것이 프롬프터로 기능하는지를 시험해 보고 있는 중입니다.

잠들기 전 인터넷 서핑

매스컴에서 인터넷 중독이 확산되고 있다고 한다. 바로 내 이야기다.

혼자 사는 나는 대개 새벽 1시를 지났을 즈음에 태블릿을 침대로 가지고 들어가 좋아하는 애니메이션이나 연예인, 뮤지션의 정보를 찾아다니며 인터넷의 파도 속을 헤맨다. 트위터나 페이스북은 거의 하지 않는다. 2채널** 게시판에 빠지지도 않았다. 그보다는 열광적인 팬이 만드는 내용이 꽉 찬 홈페이지를 보거나 이런 팬들이 만든 동영상을 유튜브에서 보곤 한다. 정신을 차려 보면 창밖이 밝아져 있는 날도 있다. 자는 건 이제부터다. 그래서 일어나는 시간은 10시나 11시. 오전 수업은 건너뛰어 버린다.

아무리 그래도 이대로는 곤란하다. 졸업을 못하게 된다. 그래서 나 자신 실험에서는 일찍 일어나기를 목표 행동으로 정하려 했지

---

* TEPRA 라벨 프린터의 상표
** 일본에서 가장 규모가 큰 인터넷 익명 게시판으로 뉴스·세계 정세·취미·연예·게임 등 분야별로 수백 개의 게시판이 있고 그 아래 각각 화제별로 세분된 글타래가 있다.

만 선생님이 "밤을 새우는 사람은 그걸 어떻게 하는 게 먼저야"라고 하신다.

내 경우 늦잠을 자는 원인은 명백히 밤늦게 인터넷 서핑을 하는 것이다. 새벽 4시에 자서 7시에 일어났다가는 건강에도 나쁠 것 같다. 아침 일찍 일어나기보다는 밤에 일찍 자기를 먼저 해결해야만 한다.

그래서 베이스라인기에는 잠자기 전에 인터넷을 한 시간을 30분 단위로 기록했다. 3주 동안의 평균은 120분. 가장 길 때는 3시간, 가장 짧을 때에도 1시간은 하고 있었다. 예상한 대로기는 하지만 스스로도 심하다는 생각이 들었다.

수반성 다이어그램에서는 인터넷 서핑 행동을 강화하는 수반성만 눈에 띄어 어쩐지 부끄럽다. 오전 수업을 건너뛴다거나 학점을 따지 못하는 등의 결과가 행동에 영향을 주지 않는다는 점도 다이어그램을 그려서 보니 부끄럽다. 하지만 부끄럽다고 행동이 바뀌는 것은 아닌 모양이다.

인터넷을 하는 동안에는 시간을 잊어버린다. 잠자는 시간이 얼마나 늦어지는지를 확실히 안다면 그것이 이 목표 행동을 약화시키지 않을까 하는 생각에 달력에 잠자는 시간과 일어나는 시간을 써 넣기로 했다. 이것이 내 개입이다.

개입을 시작하고 나서 깨달은 사실이 있다. 인터넷을 하면서도 태블릿에 표시된 시간을 곧잘 보게 된 것이다.

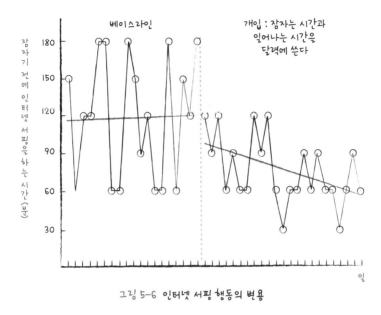

그림 5-6 인터넷 서핑 행동의 변용

그림 5-6에서 이 개입으로 인터넷 서핑 시간이 줄고 변동도 적어졌음을 알 수 있다.

베이스라인에서는 잠자는 시간이 새벽 2시에서 4시 사이였는데, 개입기 후반에는 밤 11시 반부터 늦어도 새벽 2시 반에는 잘수 있게 되었고 아침에도 8시 반에는 일어나게 됐다.

이대로 가면 학점에 구멍을 내지 않고 무사히 졸업할 수 있을 것 같다. 나 자신 실험에 감사하고 싶다.

대학 수업이나 학점, 졸업보다는 인터넷에서 발견하는 정보를 더 중요하게 생각하는 나를 처음에는 칠칠치 못하다고 생각했다.

하지만 나 자신 실험의 결과를 보고 실은 둘 다 강화제라는 점을 알았다.

인터넷은 행동 직후에 강화제가 속속 출현하기 때문에 그만두기가 어렵다. 학점이나 졸업과 관련한 강화제는 일찍 자거나 과제를 하거나 수업에 출석하는 등 다양한 일들을 쌓아 가지 않으면 얻을 수 없을 뿐 아니라 결과는 몇 달 혹은 몇 년 뒤에 나타난다. 즉 차이는 행동 수반성에 있는 셈이다.

그래도 이러한 차이를 메우는 장치를 만들면 실은 중요시하고 있는 일이 내 행동에 영향을 주게 된다. 그리고 그 방법은 나 자신 실험에서 발견할 수 있다.

대단하다는 생각이 들었다.

집안일을 해 보고 싶다

내 꿈은 주부가 되는 것이다. 매일 아침 남편보다 일찍 일어나 앞치마를 두르고 주방에 서서 아침 식사를 준비한다. 두 아이와 남편에게 도시락을 건네고 현관에서 배웅한다. 요즘 세상에 무슨 소리냐고 할 것 같지만 초등학생 때부터 줄곧 그려 온 꿈이다.

하지만 현실은 냉엄하다. 집에서 가족과 사는 나는 집안일을 전부 엄마에게 맡기고 있다. 요리는커녕 청소와 빨래도 하지 않는다. 엄마가 주방에서 바지런히 일하고 있을 때 나는 소파에 드러누워 텔레비전을 보거나 휴대폰을 만지작거린다.

옛날에는 엄마도 종종 "조금이라도 거들어라"라고 힐난하곤 했지만 끝내 포기한 모양이다. 요즘에는 거의 아무 말도 하지 않게 됐다.

그런 나도 스무 살이 넘으면서 슬슬 진심으로 신부 수업을 하지 않으면 안 되겠다고 생각하던 참이다. 요리 교실에 가 볼까 생각도 했지만 우선은 가까운 곳에서 조금 노력하면 가능할 것 같은 가사 돕기부터 시작하기로 했다.

목표 행동은 아침밥·점심밥·저녁밥을 먹은 뒤에 설거지를 하는 행동이다. 내가 쓴 그릇만이 아니라 가족 다섯 명 모두의 그릇을 씻기로 한다. 우리 집에는 식기세척기가 없기 때문에 전부 손수 설거지를 해야 한다.

베이스라인을 측정하기 시작했더니 첫 일주일 동안에는 하루 중 한두 번 설거지를 하는 날이 있어 가족 모두가 놀랐다. 이제까지 아무 것도 하지 않았기 때문이다. 기록을 하기만 해도 이렇게나 행동이 달라지나 하고 나도 내심 놀랐다.

하지만 이 행동 변화는 오래가지 않고 곧 원래대로 돌아왔다.

그래서 행동 수반성을 추정해 보았다. 설거지를 하는 행동에는 옷에 물이 튀거나 손이 트는 등의 혐오 자극 출현이나 주방에 가야 해서 텔레비전을 못 보거나 휴대폰에 들어온 메일이나 라인 메시지에 바로 답장을 할 수 없다는 강화제 출현 저지로 인한 약화 수반성이 관여하는 듯했다.

식탁이 정리된다거나 그릇이 깨끗해진다는 결과도 추정해 봤지만 내가 그릇을 씻지 않아도 언젠가는 엄마가 씻게 되므로 실은 여기에는 수반성이 없다는 사실도 깨달았다.

베이스라인기에 몇 번 설거지를 한 경험 그리고 그 뒤 다시금 농땡이를 치기 시작한 경험을 보면, 소파에서 일어나 주방으로 가려고 잠깐 생각하기는 하지만 "농땡이 쳐도 누가 뭐라고 하는 것도 아니니 상관없어"하고 스스로에게 변명 아닌 변명을 하며 그대로 소파에 드러누워 있는 경우가 많았다.

그래서 개입으로 가족 모두에게 "이제부터 설거지는 나한테 맡

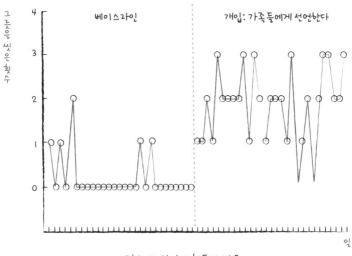

그림 5-7 설거지 행동의 변용

겨"라고 선언하기로 했다. 선언대로 행동하지 않을 때 나 스스로에게 조그만 죄책감을 안겨 이 죄책감을 소실시킴으로써 설거지를 하는 행동이 강화되게 해 보자고 생각했기 때문이다.

개입을 시작하자 곧장 내 행동은 변화하여 이번에는 3주 동안 지속할 수 있었다. 개입기에 설거지를 하지 않은 날이 이틀 있는데 몸이 안 좋아서 누워 있던 날이다.

수업에서 발표를 한 뒤에 선생님이 코멘트를 해 주셨다.

"행동이 뚜렷하게 바뀌었네."

"네. 저도 가족들도 놀랐어요. 특히 엄마가."

"그건 잘됐네. 다만 한 가지 개선할 점이 있어."

"어디에요?"

"그래프 작성법이야. 세로축에는 설거지를 한 횟수를 썼어. 하루에 세 끼로 치면 날마다 설거지를 할 기회가 세 번 있지만 늘 집에 있었던 것은 아니지?"

"맞아요. 학교에서 수업이 있는 날에는 아침과 저녁만 설거지를 했어요. 밤에 외출해서 집에 늦게 온 날도 있고요."

"그렇지. 하지만 그렇다면 세로축의 수치는 목표 행동이 늘어났을 때도 올라가지만 집에 있는 일이 늘어났을 때에도 올라가. 줄어드는 경우도 마찬가지라 구별을 못 하게 되지."

"잘 모르겠어요……."

"심술궂게 보자면 이렇게도 생각할 수 있다는 이야기야. 베이스라인기와 개입기의 차이는 목표 행동이 늘어났기 때문이 아니라 집에 있는 날이 늘었기 때문이 아닌가."

"그렇진 않아요. 항상 비슷하게 지냈으니까요."

"응, 분명 그럴 거야. 하지만 이 그림에서는 그걸 알 수 없어. 실험에서 알게 된 내용을 전달할 때에는 누구나가 수긍할 수 있게끔 궁리를 해 보자."

"어떻게 하면 되지요?"

"예를 들어 세로축을 그 날의 기회당 빈도 즉 비율로 해도 좋았을 거야. 가령 아침과 저녁에만 집에 있었던 날에는 설거지를 할 기회가 두 번 있었던 거지. 그 두 번 중에 몇 번 설거지를 했는지를 퍼센티지로 계산하면 돼. 그러면 목표 행동을 할 기회의 증감과 상관없이 행동 빈도를 비교할 수 있어. 기록 용지를 보고 한 번 더 그렇게 계산할 수 있겠니?"

"(기록 용지 더미를 넘기면서) 아, 어려울 것 같아요. 매번 ○나 ×로 기록했는데 ×라고 돼 있는 날에 집에 있으면서 설거지를 안 했는지 집에 없어서 설거지를 못 했는지 이 기록으로는 판단할 수 없어요. 달력이나 학교 시간표와 비교해 보면 이 날은 집에 있었을 거라고 짐작을 해 볼 수는 있겠지만요."

"그래? 그러면 이대로 놔 두자. 이번에는 베이스라인기와 개입기에 똑같이 생활했다는 전제로 리포트를 쓰도록 해. 단, 기록 방법이나 그래프를 그리는 방식 때문에 실험에서 조사하려는 것을 조사하지 못하게 되는 경우도 있다는 점은 알아 두고."

실험이란 건 어렵구나. 하지만 재미있다. 나는 문과지만 그렇게 생각했다.

그런데 후일담이 있다. 엄마는 내게 전부 맡기는 것이 불안한지 주방에 같이 서고 싶어 했다. 그래서는 실험이 안 된다고 내가 저항하자 "설거지는 너한테 맡길 테니까 찬장에 정리하는 건 나한테 맡겨"라고 밀어붙이셨다.

어쩐지 어정쩡하고 마음도 불편했지만 점차 익숙해졌다. 그리고 정신이 들어 보니 그릇을 정리하면서 나누는 엄마와 딸의 대화를 즐기고 있었다. 식사 중에는 텔레비전을 보는 경우가 많아 엄마와 별로 이야기를 하지 않는다. 주방에는 텔레비전도 없고 정리 외에는 할 일도 없다 보니 이야기를 할 기회가 생겨 대화를 하는 행동이 강화된 것 같다.

어쩌면 설거지를 하는 목표 행동이 유지되고 있는 것은 개입을 계획했을 때에 추정한 죄책감의 수반성이 아니라 엄마와의 대화로 인한 강화 수반성 덕인지도 모른다. 엄마와 대화하는 것이 강화제가 되리라고는 생각도 못했는데, 만일 그렇다면 이것은 기분 좋은 오산이다. 그렇게 생각하여 다이어그램도 다시 그려 보았다 (그림 5-8).

수업에서 '왜, 왜' 법을 쓴 실습을 했을 때 우리 팀에서는 이상적인 가정의 모습에 대해 토론이 벌어졌다. 나는 목표 행동을 늘

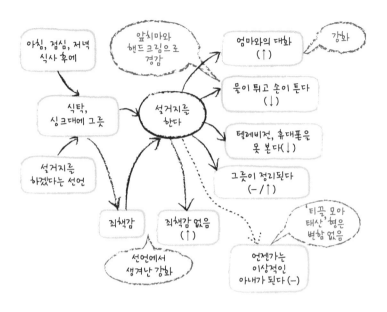

앞치마와
핸드크림으로
경감

아침, 점심, 저녁
식사 후에

엄마와의 대화
(↑)

강화

식탁,
싱크대에 그릇

설거지를
한다

물이 튀고 손이 튼다
(↓)

설거지를
하겠다는 선언

텔레비전, 휴대폰을
못 본다(↓)

그릇이 정리된다
(－/↑)

죄책감

죄책감 없음
(↑)

티끌 모아
태산 병은
변함 없음

선언에서
생겨난 강화

언젠가는
이상적인
아내가 된다 (－)

그림 5-8 어떻게 하면 가사를 돕게 되는가: 개입의 ABC 분석

리고 싶은 이유를 "이상적인 주부가 되는 것"이라고 했는데, 누구 하나 감사하지 않아도 가사를 잘 해내는 것이 좋은 아내라는 사람도 있었고 외국 영화에 나오는 것처럼 가사는 분담하고 남편이 아내에게 늘 감사하며 애정을 행동으로 보여주는 부부 관계를 동경하는 사람도 있었다.

대체 너는 어떠한 모습을 '이상'이라고 생각하니? 누가 이렇게 따져 물었지만 나는 대답할 수 없었다. 내가 어떠한 주부가 되고 싶은지 또 될 수 있을지는 아직 모른다. 하지만 그 점이 분명해지면 내가 되고 싶다고 생각하는 주부의 모습으로 다가갈 수 있게 나 자신 실험을 활용할 수 있지 않을까 하는 생각이 들었다. 게다가 '이렇게 되고 싶다'라고 생각하는 것이 정말로 그런지 아닌지는 해 보기 전에는 모른다.

엄마와의 대화 같은 근사한 발견을 나 자신 실험에서 얻을 수 있지 않을까 하는 생각도 들었다.

문제집에 집중하지 못하는 이유

저는 대학을 졸업하면 경찰관이 되고 싶습니다. 공무원 시험 대책으로 학원에도 다니고 있습니다. 실력 테스트 결과가 좋지 않은 데다 친구와도 점수 차가 벌어져 자신감을 잃고 있었습니다. 서툰 과목인 '수적 처리'의 점수를 올리는 것이 당면 목표입니다.

수적 처리의 경우, 무조건 문제집과 씨름하여 가능한 한 많은 문제를 푸는 것이 점수를 올리는 비결이라고들 하는 모양입니다. 저도 문제집을 세 권 샀습니다. 하지만 책상 위에 쌓아 놓기만 했지 진도가 전혀 나가지 않습니다. 한심한 기분이 들 뿐입니다.

그래서 나 자신 실험에서는 수적 처리 문제 풀기를 목표 행동으로 정하고, 매일 풀이한 문제 수를 기록하기로 했습니다.

베이스라인기의 데이터는 정말로 부끄러워서 남에게 도저히 보여 줄 수준이 아니라며 저도 모르게 개인 공격의 함정에 빠지는

217

판이었습니다. 마치 불황기에 임금 투쟁이라도 하는 양 성과가 전혀 없는 날이 이어지고, 이따금 생각이 나서 문제를 풀어도 정답을 맞히지 못한 채 몇 문제로 끝내 버립니다.

하지만 다시금 제 행동을 관찰해 보다 몇 가지 사실을 깨달았습니다.

우선 제 책상 위에는 교과서나 노트가 항상 흩어져 있습니다. 공무원 시험 대책 문제집도 그 속에 묻혀 있습니다.

문제집을 풀기 위해서는 책상 위에 있는 물건들을 구석으로 치워서 조그만 공간을 만들어야만 합니다. 그리고 어떤 문제집을 풀지 고릅니다. 여기까지 하는 것도 상당히 힘들지만, 겨우겨우 문제를 풀기 시작하고 나서도 몇 문제 푼 단계에서 다른 문제집이나 책, 노트에 눈길이 가서 관계없는 책을 읽기 시작하는 경우도 종종 있었습니다.

그림 5-9는 제가 추정한 행동 수반성입니다. 수학을 아주 못하는 제게 수적 처리 문제는 혐오 자극이고, 다른 책이나 노트를 읽는 행동이 이 혐오 자극으로부터 도피함으로써 강화되고 있을 가능성이 있다고 생각했습니다.

문제집이 여러 권 있는 것도 문제집 하나에 집중하지 못하는 이유가 아닐까 생각했습니다.

책상이 정리되어 있지 않아서 문제집을 풀기 위해서는 우선 정리부터 시작해야만 한다는 행동 비용이 따르는 것도 목표 행동을

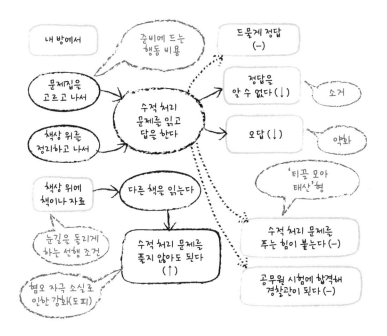

그림 5-9 어떻게 하면 시험공부를 하게 될까? : 개입의 ABC 분석

약화하는 요인이 아닐까 하는 생각이 들었습니다.

뿐만 아니라 문제집을 풀어도 자력으로 정답을 맞히지 못하여 소거되고, 수적 처리 문제를 풀 수 있게 되었음을 보여주는 조짐 조차 찾을 수 없는 것도 한 원인이라고 생각했습니다.

그래서 개입으로서 다음과 같은 세트를 고안했습니다.

① 책상 위를 정리하여 아무 것도 없는 상태로 만든다.

219

② 문제집을 하나 고르고 다른 문제집은 첫 문제집을 마지막까지 보고 나서 풀게끔 책꽂이에 꽂아 둔다.

③ 수적 처리 문제 전용 대학 노트를 준비해서 푼 문제와 해답을 눈에 보이게 남겨 둔다. 이렇게 하면 학습 진도를 스스로에게 피드백할 수 있으리라는 생각이 들어서 세운 작전.

④ 정답을 맞히는 확률을 높이기 위해 전날에 푼 문제 가운데 어느 것 하나는 다음 날에 한 번 더 푼다. 단, 이것은 그날 푼 문제 수에는 포함시키지 않는다.

그림 5-10이 나 자신 실험의 결과입니다. 개입을 통해 수적 처리 문제를 풀어 볼 수 있게 됐습니다. 개입기의 데이터는 큰 변동을 보이는데, 이는 포기한 문제나 틀린 문제는 자가 채점 후에 시간을 들여 복습했기 때문입니다.

개입기 후반에 문제 수가 늘어난 이유는 수적 처리 출제 형식에 익숙해져서 빨리 또 별로 틀리지 않고 답을 맞힐 수 있게 됐기 때문입니다.

이번 나 자신 실험에서 새롭게 발견한 것이 세 가지 있습니다.

난 왜 이렇게 칠칠치 못할까 자기혐오에 빠지기도 했던 제가 실험을 위해 정리한 책상을 계속 정돈된 상태로 유지할 수 있었습니다. 가방이나 옷장 속은 여전히 엉망진창이니까 제가 바뀐 것은 아니지만, 행동 수반성을 바꿈으로써 적어도 내 행동 중 몇 가지는 바뀐다는 사실을 실감할 수 있었습니다.

집중력 문제도 마찬가지입니다. 정신이 흐트러져서 오래 집중
하지 못한다고 자기혐오에 빠지기도 했는데, 다른 데로 눈길을 돌
리는 이유 중 하나는 눈길이 갈 만한 것이 주위에 있기 때문이니
시야에 들어오지 않게끔 치워 버리면 다른 데에 관심을 팔지 않는
다는 사실을 알았습니다.

마지막으로 수적 처리는 여전히 못하지만, 못해도 문제집을 풀
어 볼 수 있다는 사실을 알았습니다. 지금까지는 '못하니까 안 한
다' '못하니까 풀 수 없다'고 생각했을 뿐 아니라 이것이 움직일

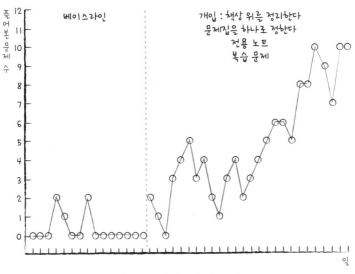

그림 5-10 시험공부 행동의 변용

수 없는 사실이라고 무턱대고 믿었습니다. 못하는 것과 하느냐 마느냐는 별개이고 '못해도 할 수 있다'고 깨달은 것은 무척 커다란 발견이 아닌가 싶습니다.

시험을 치기까지는 아직 2년이나 남았으니 이 경험을 잘 살려 앞으로도 필요에 따라 제 행동의 원인을 추측하고 이에 대응하는 개입을 생각하여 활용해 나가고 싶습니다.

알람 시계를 끄고 다시 잔다

유학생인 제가 나 자신 실험에서 맞붙은 주제는 다시 자기입니다. 규칙적으로 생활하기 때문에 밤에는 1시 전에 잠이 듭니다. 하지만 아침이 문제지요. 알람 시계는 8시에 맞춰 놓았는데 일어나는 것은 9시 아니면 10시입니다. 알람이 울려서 눈이 떠지면, 이불 속에서 시계에 손을 뻗어 알람을 꺼 버립니다. 조금만 더 하고 누워 있다 무심코 잠들어 버립니다.

다시 자 버리는 통에 약속에도 늦습니다. 여자 친구나 친구가 곧잘 화를 냅니다. 몸이 안 좋다고 변명을 하곤 했더니 신뢰가 떨어졌습니다. 이제 믿어 주지도 않아요. 정말로 몸 상태가 안 좋을 때에는 서글퍼집니다. 그래서 알람이 울리면 곧장 일어나는 것을 목표 행동으로 정하여 나 자신 실험을 했습니다.

알람을 설정한 시간과 침대에서 일어나는 시간 사이의 차를 측정했습니다. 매일 아침 기록 용지에 적었고요. 베이스라인기에 바로 일어난 날은 딱 하루입니다. 나머지 날은 20분에서 길어지면 100분이나 다시 자 버렸습니다.

행동 수반성을 다이어그램에 그려서 추정해 보니, 침대에서 일어나면 더 잘 수가 없다는 강화제 소실로 인한 약화 수반성이 가장 영향을 주는 것 같았습니다. 침대 안은 쾌적합니다. 푹신푹신한 이불을 뒤집어쓰고 조는 상태는 기분이 좋아서 제게는 아주 강력한 강화제인 모양입니다.

여자 친구나 친구의 기분을 상하게 하거나 그들의 불평을 듣는 결과는 혐오 자극이 되기는 할 듯합니다. 얼굴을 맞대고 이야기할 때에는 상대방이 화낼 만한 말은 하지 않으려고 하니까요.

하지만 다시 자기의 경우, 침대에서 일어나는 행동과 시간차가 크기 때문에 약화로서는 기능하지 않는 것 같았습니다.

제가 달성하고 싶은 것은 여자 친구나 친구의 잃어버린 신뢰를 회복하는 것임을 '왜, 왜' 법에서 알아냈습니다. 하지만 지금까지 거듭해서 지각을 하고 변명한 것을 생각하면 침대에서 한두 번 일어나는 정도로는 턱도 없습니다. 매번 약속 시간에 맞게끔 침대에서 일어나도 몇 달은 걸릴 것 같습니다. 즉 이것은 '티끌 모아 태산'형 수반성이라 아무리 마음이 간절해도 행동에는 영향을 주지 않을 듯합니다.

실은 수반성 다이어그램을 맨 처음 그렸을 때 목표 행동은 '정해 놓은 시간에 일어난다'로 했습니다. 이 '일어난다'는 '눈을 뜬다'는 의미였습니다. 일본어는 어렵습니다.

그러자 선생님이 질문을 하더군요.

"지금도 눈은 뜨지 않아? 알람을 멈추는 걸 보면. 그러니까 늘리고 싶은 행동은 눈을 뜬다는 의미에서 일어나기는 아니야."

"그렇군요."

"늘리고 싶은데 늘지 않는 것은 어떤 행동이지?"

"음…. 또 자 버리는 행동인가요?"

"그건 줄이고 싶은 쪽이지. 게다가 자는 건 행동이 아닌데. 죽은 사람은 줄곧 잠들어 있으니까. 자는 건 다양한 행동이 일어나는 빈도가 전체적으로 감소해 있는 상태라고 생각하는 편이 좋을 것 같아."

"어렵네요."

"그러게. 이 이야기는 다음 수업에서 또 하기로 하고, 지금은 목표 행동을 찾는 일에 집중하자. 자는 건 행동이 아니지만 자는 상태로 들어가기 쉽게 하기 위해 사람들은 다양한 행동을 하지. 예를 들어 어떤 행동이 있을까?"

"불을 끈다, 눕는다, 눈을 감는다 같은 거요?"

"그렇지. 일부러 어려운 책을 읽기도 하고 음악을 틀기도 하고 향을 피우기도 하고, 어쨌든 다양하지."

"하지만 선생님, 그것과 제 목표 행동이 어떤 관계가 있지요?"

"너는 일어나고 싶은 거니까 그 반대로 하면 돼. 자는 상태로 들어가기 어렵게 하는 행동인데 가능하면 네가 이미 하고 있는 행동. 그걸 찾아보렴."

"반대라고요. 불을 켠다, 눈을 뜬다…… 아, 그렇구나, 이불이나 침대에서 나가면 되겠군요."

"괜찮네. 하지만 어떻게 강화하지?"

이때 갑자기 아이디어가 번뜩였습니다. 흥분됐습니다.

제 개입은 단순합니다. 지금까지 침대 옆 손이 닿는 곳에 있었던 알람 시계를 침대에서는 손이 닿지 않는 책상 위로 옮깁니다. 하는 김에 휴대폰에도 알람을 설정하기로 하고, 이건 부엌에 둡니다. 제 방은 작은 원룸이라 침대에서 책상까지가 2미터 정도이고 책상에서 부엌까지가 3미터 정도입니다.

지금도 알람 시계 소리로 눈을 뜨면 손을 뻗어 소리를 끄니까, 소리를 끄는 행동은 시끄러운 알람 소리라는 혐오 자극 소실로 강화되고 있는 셈입니다. 이 혐오 자극 소실로 인한 강화 수반성으로 침대에서 나가는 행동을 유발하여 강화하려고 생각한 거지요.

하지만 이뿐이라면 알람을 끈 뒤에 또 침대에 돌아갈 수도 있습니다. 그러니까 부엌에서도 알람 소리가 나게 해서 부엌으로 이동하는 행동도 강화합니다. 휴대폰 알람이 울리는 시간을 알람 시계가 우는 시간보다 10초 정도 늦게 맞춥니다. 이렇게 하면 그 사이에 이동해서 울리기 전에 끄게 되지 않을까 생각했어요. 혐오 자극 출현 저지로 인한 강화입니다.

선생님에게 이야기했더니 "대단한데. 재미있는 개입 계획이야!"라고 칭찬하셨습니다. 선생님은 알람시계나 휴대폰이 너무 멀면 알람 소리가 작게 들려서 혐오 자극으로서의 효과가 떨어지고 그렇다고 너무 가까우면 침대에서 나왔다 또 들어가는 행동이 유발될 테니까 딱 좋은 위치를 찾아야 할 거라는 조언을 해 주었습니다.

결과는 대성공이었습니다. 위치를 조정할 필요도 없었습니다. 개입기 2주 사이에 다시 잠든 날은 딱 한 번. 이때는 전날 늦게까지 리포트를 썼기 때문에 아무래도 잠이 와서 부엌에 있는 휴대폰 알람을 끄고 난 뒤 침대로 돌아가 누워 버렸습니다.

개입을 시작하고 나서 깨달았습니다. 부엌까지 오면 그 다음에 냉장고를 열고 차가운 우롱차를 꺼내 마시는 행동 연쇄가 생겼습니다. 차가운 우롱차는 냉장고를 열고 컵에 따라서 마시는 행동은 강화하지만, 이불에서 나와 침대에서 일어나서 부엌까지 가는 행동은 적어도 베이스라인기에는 강화하지 못했습니다. 개입기에는 침대와 냉장고 사이에 중계 지점이 두 개 생긴 덕분에 어쩌면 우롱차도 이동하는 행동을 강화할 수 있게 됐을지도 모른다는 생각이 들었습니다.

선택지를 바꾸지 않아도 선택 장소와 시간을 조금씩 바꿈으로써 어느 것을 선택하는지가 바뀐다는 것은 무척 재미있는 현상 같

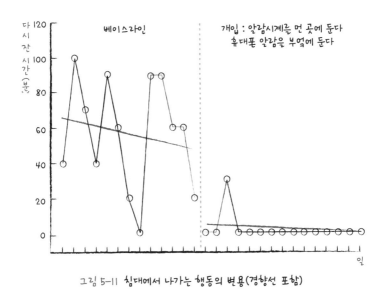

그림 5-11 침대에서 나가는 행동의 변용(경향선 포함)

습니다.

　여자 친구와 친구의 신뢰를 되찾고 싶다는 마음은 진심이었지
만, 이런 습관은 그리 쉽게 바뀌지 않으리라고도 생각했습니다.
게다가 저는 다시 자는 것은 제 탓이라고 스스로를 탓하지도 않았
습니다. 습관이라는 것은 있는 그대로의 모습이니 받아들일 수밖
에 없다고 생각했거든요.

　아주 작은 환경의 차이로 행동이 바뀌었다는 사실에도 놀랐습
니다. 이렇게 간단히 바뀐다면 좀 더 일찍 바뀌어도 좋았을 텐데.
지금까지 줄곧 다시 자곤 했던 것이 되레 신기합니다.

매일 신문을 읽는다

입학한 지 얼마 되지도 않았는데 벌써 졸업을 앞두고 취업 준비를 시작해야만 하다니, 이해가 안 된다. 하지만 이것이 현실.

애당초 취직 같은 건 하고 싶지도 않다. 학생 생활이 계속되면 좋겠다는 철없는 생각을 하는 나지만, 이런 나도 몇 년 뒤에는 양복 차림으로 매일 통근 전차를 타고 진지하게 일을 하고 있겠지. 이것도 현실.

동아리 선배에게 상담했더니 우선은 내가 어떤 직업을 갖고 싶은지를 잘 생각하는 편이 좋다고 한다. 어떤 직업을 갖고 싶기는 커녕 세상에 어떤 일자리가 있는지조차 잘 모르는 난데. 부끄러워서 이런 말은 차마 못 하지만.

아버지는 틈만 나면 너는 신문도 안 읽느냐고 어이없다는 듯 한숨을 쉰다. 신문도 안 읽고 뉴스에도 흥미가 없다. 하지만 이대로는 안 되겠다고 진짜로 생각한다.

그래서 신문 읽기를 목표 행동으로 나 자신 실험을 하기로 했다.

'왜, 왜' 법을 써서 생각해 보고, 달성하고 싶은 목표는 내게 보람이 있다고 생각되는 직장에서 보람이 있는 일을 하는 것으로 했다. 신문을 매일 읽고 일본과 세계의 경제 상황을 알아 두면 취업 활동을 하는 데 도움이 되겠지.

인생에서 지금껏 한 번도 신문을 제대로 읽어 본 적이 없는 내게는 벽이 너무 높을 수도 있다고 생각하면서, 조간 전체에서 적어도 표제는 훑어보고 관심이 가는 기사는 내용까지 읽는 것을 목표로 실정했다. 아버지가 《니혼게이자이 신문》을 구독하고 있어서 이것을 읽기로 했다.

읽은 기사 수를 기록하려고도 생각했지만 때마침 관심이 가는 기사가 많으면 수치가 올라갈 테고 읽은 기사가 결국 전부 스포츠면일 수도 있다. 게다가 기사 수만으로는 모든 면을 훑어보지 않고 넘어가도 알 수가 없다. 그래서 단순히 어쨌든 끝까지 훑어봤는지 여부만 기록하기로 했다.

베이스라인기에도 나로서는 최선을 다해 노력했다. 마지막 면까지 안 가더라도 거의 매일 처음 몇 면은 훑어보았고, 끝까지 훑어본 날도 있었다.

다만 스포츠면 외에 내용까지 읽은 기사는 거의 없었다. 정치 이야기는 무슨 소리인지 당최 알 수가 없었고, 경제 이야기는 의미를 모르는 용어가 많이 나오는 데다 사전이나 인터넷에서 조사하기에도 품이 너무 많이 들어서 단념해 버렸다.

신문을 읽는다는 목표 행동이 생각만큼 늘지 않는 원인은 분명했다. 읽어도 거기에 뭐가 적혀 있는지를 모르니 강화되지 않는다. 읽을 때마다 소거된다. 이건 냉엄한 현실이다.

원인을 추정하기는 그렇게 어렵지 않았지만 이에 대응하는 개입을 생각하느라 고생했다. 신문을 읽으면 좋아하는 스낵을 먹기로 해서 강화제 출현으로 인한 강화 수반성을 추가하려는 생각도 했지만, 그런다고 기사 내용을 이해할 수 있게 되지는 않는다. 우선은 맨 마지막까지 지면을 넘기는 행동은 늘릴 수 있을지 몰라도, 이래서야 '왜, 왜' 법을 써서 생각한 장래 목표 달성으로는 도저히 이어지지 않을 것 같았다.

어쩌면 이것이 행동분석학의 한계가 아닌가 싶어 반쯤 도전하다시피 선생님에게 질문해 보았다.

그러자 선생님은 싱글벙글 웃으면서 믿을 수 없는 말을 내뱉으셨다.

"어린이 신문을 읽으면 되잖아?"

실례의 말씀을! 일순 분기탱천할 뻔했지만 선생님이 나를 바보 취급해서 한 말이 아님을 알고 침착하게 생각해 보았다. 생각해보니 신문을 읽는다는 행동에 기사의 내용을 이해한다는 강화제를 수반시키기 위해서는 사리에 맞는 제안이라고 수긍이 갔다. 가장 냉엄한 현실이기는 하지만.

아버지와 상담하여 내 용돈으로 《마이니치 초등학생 신문》을 구독하기로 했다. 이 신문은 《니혼게이자이 신문》에 비하면 지면 수도 적고 기사는 초등학생도 아는 쉬운 말로 간결하게 쓰고 있다. 이거면 나도 사전이나 인터넷에서 조사하는 수고를 들이지 않고 읽고 이해할 수 있다. 기사 내용을 이해한다는 강화제를 출현시킴으로써 신문을 읽는 행동이 강화되기를 노렸다.

　기록을 그래프로 그릴 때에는 그래프 세로축에 맨 마지막 면까지 훑어본 누적 날짜 수를 적었다. 처음에는 기록한 대로 맨 마지막까지 훑어본 날은 1, 훑어보지 않은 날은 0으로 그래프를 그려 보았지만, 꺾은선이 들쭉날쭉해서 경향을 읽어 낼 수 없었다.

　그래서 선생님에게 상담했더니 행동 누적 빈도를 세로축으로 잡으면 꺾은선의 기울기가 빈도를 나타내게 되어 비교하기 쉽다는 조언을 해 주셨다.

　그림 5-12를 보면 베이스라인기의 기울기보다 개입기의 기울

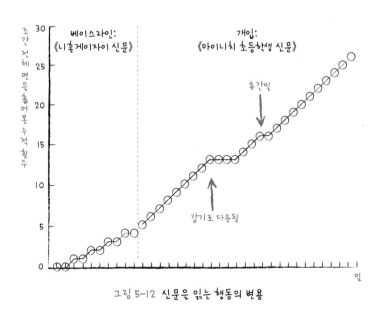

그림 5-12 신문을 읽는 행동의 변용

기가 더 급하다. 확실히 이로써 수준 차이를 알기가 쉬워졌다. 감기에 걸려 드러누워 있던 사흘간과 휴간일을 제외하면 개입을 시작한 뒤로는 매일 전체 면을 훑어봤을 뿐 아니라 대부분의 기사를 읽을 수 있었다.

은행에 근무하는 아버지는 정치나 경제 이야기를 나와 하고 싶어서 좀이 쑤셨나 보다. 내 이번 시도를 기뻐하셨다. 나도 아버지와의 대화가 지금까지와는 다르게 전개되어서 기쁘다. 신문을 읽어도 잘 알 수 없었던 것은 아버지에게 질문하면 정성껏 가르쳐 주신다. 이런 데서 취업 활동의 조력자를 찾게 된 나는 무척 행복하다.

이번 나 자신 실험은 새로운 발견의 연속이었다. 지금까지 나는 못한다고 단정하던 일을 할 수 있게 된 것, 지금까지 못한다고 단정하던 이유는 실은 개인 공격의 함정에 빠져 있었기 때문이라는 것, 내가 스스로 생각하는 것보다는 사회나 경제에 관심이 있었다는 것.

관심이 없다고 믿었던 것은 먹어 본 적도 없는데 싫어하는 음식 같은 것 아니었을까? 먹는 행동이 유발되지 않으면 음식이 강화제여도 강화되지 않는다. 무언가를 하지 않으면 그 결과가 강화제여도 강화되지 않는 채로 남아 있다. 어쩌면 이런 일은 이외에도 많이 있을지 모른다.

지금까지 현실이라고 단정하던 것이 흔들리지 않는 사실이 아님을 알고 세상이 흔들리는 듯한 불안을 느끼는 한편 앞으로도 이런 것을 찾아 나갈 수 있으리라고 생각하면 가슴이 당치도 않게 두근거린다. 이건 새로운 현실이다.

후일담. 초등학생 신문을 졸업하고《니혼게이자이 신문》으로 돌아가려 했지만 역시 꽤나 어려웠다. 그래서 도서관에서 몇 가지 신문을 비교해 보았다. 기왕 하는 김에 행동도 측정했다. 같은 날 조간의 1면을 대충 읽어 보려고 했을 때 모르는 단어를 조사한 횟수를 측정했다. 일주일분 신문을 읽어 보니《마이니치 초등학생 신문》에서는 0회,《니혼게이자이 신문》은 10회~15회였던 반면《요미우리 신문》은 2회~3회이고 감각적으로도 읽기 쉬웠다. 그래서 이번에는《요미우리 신문》을 정기 구독하여 읽고 있다.

3점 슛을 연습한다

저는 농구 동아리에 소속돼 있습니다. 과제는 3점 슛 성공률 높이기입니다. 동아리에서는 일주일에 사흘 모여서 연습을 하는데 시합 형식뿐이라서 슛은 자율적으로 연습해야 합니다.

잘 못 하는 3점 슛을 극복하려고 동아리 활동이 끝난 뒤에 남아서 연습을 한 적도 있지만 팀 동료가 없는 체육관은 너무 조용한데다 슛이 들어가지 않으면 동기 부여도 안 됩니다.

그래서 나 자신 실험에서는 3점 슛 자율 연습을 목표 행동으로 하고, 연습으로 성공률이 올랐는지도 확인하기로 했습니다.

목표 행동에 대해서는 동아리 활동이 끝난 뒤 자율적으로 연습한 시간을 측정했습니다. 그리고 자율 연습을 시작할 때 3점 슛을 5번 던져 성공한 횟수를 기록했습니다.

요 몇 달 동안에는 남아서 연습을 한 적이 없었는데, 베이스라인기에 측정을 시작하자 자율 연습을 하게 되었습니다. 다만 시간은 그때그때 다르고 연습을 하지 않는 날도 있었습니다. 현재 상황의 행동 수반성을 측정한 것이 그림 5-13입니다.

자율 연습을 오래한 날은 다른 팀 동료도 남아서 연습을 한 날이었습니다. 저 말고는 남아서 연습을 하는 사람이 없는 날에는 체육관에 남아 있어도 라커룸으로 물러간 팀 동료가 신경 쓰여 오늘은 어디서 저녁을 먹고 가는 걸까 같은 생각만 했습니다. 이것을 보고 팀 동료와 함께 있다는 것이 제게는 커다란 강화제가 된다고 생각했습니다.

남아서 자율 연습을 하는 행동은 팀 동료와 함께 있는 시간이 없어진다는 강화제 소실로 약화되고 있는 모양입니다. 자율 연습을 하는 중에 볼을 던져 슛이 들어가면 이것도 강화제가 될 것 같지만, 옆에 있는 팀 동료가 "좋았어!" 하고 말해 주는 것도 강화제가 된다고 생각했습니다.

연습을 하면 실력이 향상된다는 수반성도 있지만, 이것은 '티끌 모아 태산'형이라 효과를 기대할 수 없을 것 같았습니다.

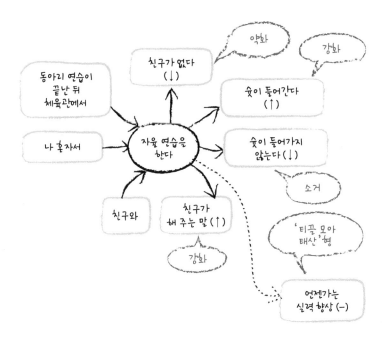

그림 5-13 왜 자율 연습을 계속하지 못하는가? : 현재 상황의 ABC 분석

그래서 사이 좋은 팀 동료에게 이야기해 함께 남아 자율 연습을 같이 해 달라고 하는 것을 개입으로 계획했습니다. 교대로 슛을 30번 쏘는 승부를 해서 진 쪽이 이긴 쪽에게 음료수를 사 주기로 약속한 대결입니다.

이 개입으로 팀 동료와 함께 있을 수 없다는 약화에서 복귀하는 것, 팀 동료가 해 주는 말이나 승부에 이길 때의 음료수가 강화제로 출현하여 연습 행동이 강화되는 것을 기대했습니다.

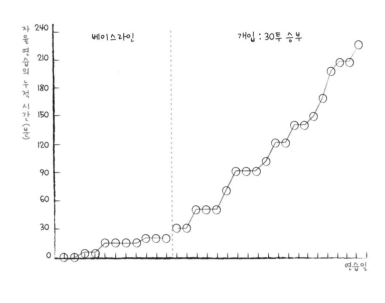

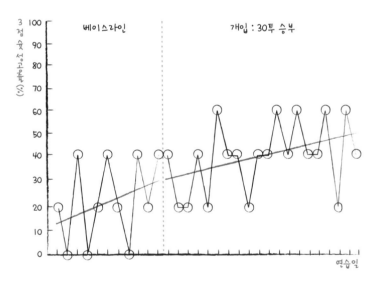

그림 5-14 농구 자율 연습 행동의 변용

그림 5-14의 가로축은 연습일, 위의 세로축은 누적 연습 시간 수입니다. 아래쪽 세로축은 자율 연습 직전의 슛 성공률입니다.

선생님의 조언을 듣고 위쪽 그림에는 수준을 나타내는 사선을 그려 넣었습니다. 누적 그래프의 경우에는 기울기가 수준을 나타낸다고 하는데, 이 경우 연습일당 자율 연습을 한 시간을 보여 줍니다. 베이스라인기와 비교해 개입기의 연습 시간 수가 증가했다는 사실을 기울기 차이로 알 수 있습니다.

아래쪽 그림에는 경향선을 그려 넣었습니다. 경향선을 보면 베이스라인기에도 성공률이 올라가고 있었음을 알 수 있습니다. 베이스라인기에 비해 개입기에 경사가 완만해지는 이유는 후반에 들어 성공률이 한계에 도달했기 때문입니다.

목표였던 50%로 다가가기는 했지만 변동이 있어 안정적이라고는 할 수 없습니다. 팀 동료와 한 30투 승부는 자율 연습 시간을 늘리는 데에는 효과적이었지만 이보다 더 성공률을 높이려면 다른 연습 방법을 도입할 필요가 있다는 뜻이라고 생각했습니다.

지금까지는 3점 슛을 잘 못 던진다고 하면서도 기록을 한 적도 없고 제 성공률도 몰랐습니다. 제게 맞는 연습 방법을 찾을 수 있을 것 같아서 기록을 계속할 생각입니다.

저는 농구를 아주 좋아하기 때문에 동아리에도 들어갔고 농구를 하고 있다고 생각했습니다. 하지만 이번 나 자신 실험에서는 농구를 좋아할 뿐만 아니라 마음이 맞는 친구들과 함께 뛰는 것도 농구를 하는 행동을 강화하는 중요한 변인임을 알았습니다. 자율 연습에서도 팀 동료와 함께 할 수 있는 더 효과적인 방법을 찾아보려고 합니다.

독서를 습관화하는 방법

초등학교 3학년 때 로프팅의 돌리틀 선생 시리즈*에 빠졌던 저는 그때부터 독서 소녀가 되었습니다. 쉬는 시간에는 책에 너무 집중하는 바람에 친구가 놀자고 부르는 목소리도 들리지 않았고, 등·하교 때에는 책을 읽으면서 걷다 전봇대에 부딪치거나 하수구에 빠지기도 했습니다. 초등학교 도서실에 있던 소설은 거의 다 독파했을 겁니다.

그런데 중학교 때 학원을 다니게 되면서부터 독서하는 시간이 줄어들더니 고등학교, 대학교로 진학함에 따라 책을 거의 읽지 않게 됐습니다. 요 1년 동안 읽은 소설을 떠올려 봐도 기껏해야 한두 권입니다. 지금도 "취미는?"이라고 물어보면 "독서예요"라고 대답하지만, 이래서야 허위 간판입니다.

소설이 싫어지거나 독서가 고통이 된 것도 아닙니다. 책은 여전히 좋아하고 서점에도 곧잘 가서 읽고 싶은 책을 사옵니다. 사 오

---

* 미국의 소설가 휴 로프팅이 쓴 12권의 아동문학 시리즈로 동물의 말을 이해할 수 있는 돌리틀 선생이 주인공이다

는데 책장에 늘어서기만 하는 쓸쓸한 매일입니다.

그래서 나 자신 실험에서는 소설 읽기를 목표 행동으로 정해 그날 읽은 쪽수를 매일 밤 자기 전에 수첩에 기입하기로 했습니다.

베이스라인기의 데이터에서는 책을 전혀 읽지 않는 날이 많았고 읽었다 해도 50쪽 이하라는 사실을 알았습니다.

현재 상황의 행동 수반성을 추측해 보니, 독서를 하는 것은 집에서 자기 전 시간입니다. 아르바이트나 동아리 활동이 끝나고 밤 늦게 귀가했을 때 같은 경우에는 독서를 하는 바람에 과제를 못하거나 잠이 오는데 자지 못하기도 하고 녹화해 둔 텔레비전 방송을 보지 못하기도 해서 독서 외의 강화제를 소실시키는 약화 수반성이 독서 행동을 줄이고 있다고 생각했습니다.

독서를 집에서만 하는 이유는 학교에 책을 가지고 가는 것이 무겁고 힘들기 때문입니다. 저는 통학을 위해 거의 매일 얼추 1시간 반 동안 편도 전차를 탑니다. 교과서나 자료만으로도 가방은 꽤 무거워집니다. 혼잡 시간에 걸리면 못 앉는 경우가 많기 때문에 다른 책까지 들고 다니는 행동이 약화되었던 것 같습니다.

그래서 발상을 전환해 지금까지 스마트폰으로 게임을 하거나 SNS를 하던 통학 시간을 독서에 충당하기로 했습니다. 이를 위해 스마트폰으로 읽을 수 있는 전자책을 구입했습니다. 이렇게 하면 여분의 짐을 들지 않아도 되고 전차 안에서도 서서 독서를 할 수 있을 겁니다.

이 개입은 효과적이었습니다. 그림 5-15의 베이스라인기와 개입1기를 비교하면 쪽수가 증가했음을 알 수 있습니다. 오랜만에 하는 독서는 역시 즐거워서 길고 지루한 통학 시간이 엄청 짧게 느껴졌습니다.

그림에 기록이 0쪽인 날이 몇 개 있습니다. 이 변동의 원인은 주말이나 수업이 없는 날이라 줄곧 집에 있었던 날입니다. 집에 있을 때에는 과제를 하거나 텔레비전을 보거나 남동생과 노는 등 독서 행동과 양립하지 않는 행동을 강화하는 수반성이 많이 있어 독서가 이런 것들에 살짝 뒤지는 모양이었습니다.

그래서 처음부터 하루 종일 집에 있으리라는 것을 아는 날에는 아침 독서 시간을 정하기로 했습니다. 집에 있으면 다른 행동이 유발되기 때문에 근처 카페에 읽고 싶은 책만 가지고 나가서 30분에서 1시간 커피를 마시며 책을 읽기로 했습니다. 모처럼의 기회니까 이때에는 전자책이 아니라 학교에 가져가기에는 무거울 것 같은 크고 두꺼운 책을 읽기로 했습니다.

이 개입도 잘 됐습니다. 그림의 개입1과 개입2를 비교하면 개입2에서 변동이 적어졌음을 알 수 있습니다. 양립하지 않는 다른 행동이 강화되지 않는 장소로 이동함으로써 목표 행동이 유발된다는 사실을 알았습니다.

이번 나 자신 실험에서는 읽고 싶은데 읽지 못하고 있던 소설을 몇 권 독파할 수 있었습니다. 소설을 읽는 행동을 강화하는 것은

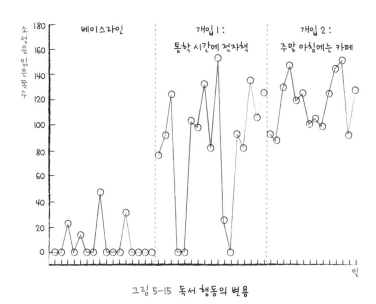

그림 5-15 독서 행동의 변용

이야기의 전개이기도 하고 등장인물에 대한 공감이기도 한 것 같은데, 이런 것들이 제게는 아직 강화제라는 점을 확인할 수 있었습니다.

동시에 어린 시절과는 달리 이래저래 바빠진 지금은 책이 강화제라는 이유만으로 독서 행동이 유발되지는 않는다는 것도 알았습니다.

그리고 그렇게 바쁜 매일이라도 환경만 잘 만들면 좋아하는 독서를 즐길 수 있게 된다는 사실을 알았다는 것이 커다란 수확입니다.

마지막으로 전자책을 읽는 데 아마존의 킨들을 썼는데, 이 앱에서는 쪽수를 표시하지 않는 대신 '로케이션'이라는 번호를 표시합니다. 예를 들어 이사카 고타로가 쓴 《마왕》의 경우 총 3484 로케이션입니다. 기록한 것은 이 로케이션 수인데, 그래프를 작성할 때 같은 책의 종이책 버전 쪽수를 조사해 (《마왕》의 경우 384쪽) 로케이션당 쪽수를 계산하여 읽은 쪽수로 환산했습니다. 여기에는 상당한 수고가 들어갔습니다.

실험은 힘들었지만 좋아하는 작가의 아직 못 읽고 있던 소설을 몇 권 독파할 수 있었다는 데에 감사합니다.

일본 내각부는 2009년도부터 3년 동안 국민 행복도에 관한 조사를 했습니다.

"지금 당신은 어느 정도 행복합니까?"라는 질문에 "무척 행복하다"를 10점, "무척 불행하다"를 0점으로 한 11단계로 대답하게 했더니, 평균치는 6.41에서 6.47이었습니다.

같은 조사가 세계 각지에서 이루어지고 있습니다. 그 가운데 주목을 받는 것이 2011년에 일본을 방문하기도 했던 지그미 케사르 국왕의 부탄 왕국입니다.

히말라야 산맥 남쪽에 위치한 부탄에서는 GDP(국내총생산: Gross Domestic Product) 대신 GNH(국민총행복: Gross National Happiness)가 정부 운영 지침입니다. 국가와 행정은 국민의 행복을 실현하기 위해 있다고 보고, 경제적으로 부유해지는 것뿐 아니라 정신적으로 행복해지기 위한 사회를 지향한다고 합니다.

부탄에서 한 같은 조사가 있습니다. 행복도를 10단계로 대답한 것이라 일본의 데이터와 직접 비교하기는 어렵지만 평균치는 6.9 입니다.

일본인의 주관적 행복도는 다른 나라 사람보다 상대적으로 낮다고 다른 조사에서도 지적하고 있습니다. 이는 국민성 때문일까요. 일본인은 그렇게나 비관적일까요.

그림 6-1에 초덴(Choden) 등이 부탄인을 대상으로 조사한 데이터와 내각부가 공개한 일본인의 데이터를 비교해 봤습니다. 위쪽이 부탄인의 행복도, 아래쪽이 일본인의 행복도 분포입니다.

두 나라 모두에서 행복도의 중심치(일본인은 5, 부탄인은 5와 6)를 대답한 사람이 많았음을 알 수 있습니다. 이러한 평정에서는 회답이 한가운데 부근에 모입니다. 중심화 경향이라고 해서 이러한 조사에서는 드물지 않습니다.

흥미로운 점은 두 나라 모두에서 중심치 왼편이 절벽으로 나타난다는 점입니다. 즉 내 행복도는 한가운데 정도라고 평정하는 사람은 많지만, 그보다 미만이라고 생각하는 사람은 뚝 줄어듭니다. 중심치 오른편에 산이 이어지는 부분도 공통됩니다. 일본인은 8까지, 부탄인은 최고 득점인 10까지, 내 행복도는 한가운데보다 위라고 평정하는 사람이 제법 있다는 뜻입니다.

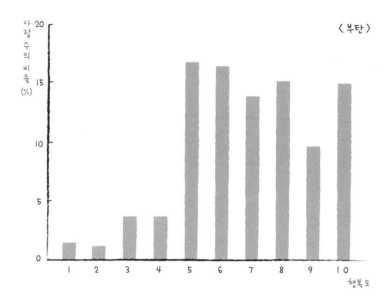

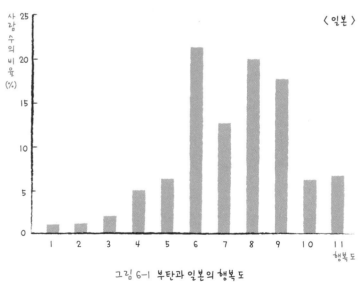

그림 6-1 부탄과 일본의 행복도

두 나라의 차가 확실한 것이 분포 오른쪽 끝입니다. 일본인의 경우 9나 10을 매기는 사람이 적어지지만 부탄인은 10인 사람이 15% 가까이 됩니다.

"무척 행복합니다!"라고 당당히 대답하는 일본이 적다고 비관할 필요는 없을 수도 있습니다. 분포 왼쪽 끝을 보십시오. 최저치인 0이라고 대답한 일본인은 0.5%에서 0.6%, 이에 비해 최저치인 1을 고른 부탄인은 1.4% 있습니다.

부탄인에 비해 "무척 행복합니다!"라고 선언하는 일본인은 확실히 적지만 동시에 "무척 불행합니다"라고 하는 사람도 적습니다.

주관적 행복도에는 당연히 커다란 개인차가 존재합니다. 평균치를 비교하면 일본보다 부탄에 행복을 느끼는 사람이 더 많은 것은 사실입니다. 하지만 개개인을 볼 때에는 이 차에 큰 의미는 없습니다. 행복한 나라에 사는 부탄인 돌지 씨보다 행복도가 높은 일본인 스즈키 씨도 있고, 일본인 다나카 씨보다 행복도가 낮은 부탄인 체링 장모도 있기 때문입니다.

집단의 평균치는 전체적인 수준을 파악하거나 비교하는 데는 도움이 되지만, 개개인의 행복에 대해 생각하거나 행복해지는 방법을 찾을 때에는 주의해야만 할 점이 있습니다.

그림 6-2에는 내각부의 2011년도 조사 보고서에서 행복도를 평가할 때 중시했다고 대답한 항목을 행복의 조건으로 해서 득점

이 높은 순으로 정렬했습니다. 숫자는 이 항목이 중요하다고 대답한 사람의 비율(%)입니다.

실은 부탄인을 대상으로 한 같은 조사에서도 가계 · 건강 · 가족이 상위 3항목으로 일본인과 공통된 결과를 보입니다. 주의해서 보아야 할 것은 여기서도 개인차입니다.

상위 3항목의 경우 60% 이상의 사람들이 행복도로 이어진다고 생각하는 셈이지만, 동시에 40% 가까이 되는 사람들은 그렇게 생각하지 않는다는 사실도 나타납니다.

행복의 조건에도 커다란 개인차가 있는 것이지요. 행복을 주제로 한 심리학 연구에서는 주관적인 행복도에 영향을 주는 다양한 요인을 검토하여 행복도를 향상시키는 행동도 알아가고 있습니다. 예를 들어 일기를 쓴다, 감사한다, 새로운 일에 도전한다, 애완동물을 키운다 등등입니다. 그런데 당연한 말이지만 이 또한 모두에게 다 해당되지는 않습니다.

이러한 연구에서는 몇백 명이나 되는 피조사자를 대상으로 앙케트를 실시합니다. 그리고 예를 들어 애완동물을 키우는 사람의 평균 행복도가 그렇지 않은 사람의 평균 행복도보다 높기 때문에 애완동물을 키우는 것이 행복도 향상으로 이어진다고 결론을 내립니다.

단, 이것은 어디까지나 전체적인 비교입니다. 부탄인과 일본인의 행복도를 비교할 때 나라와 나라 사이에는 평균치에 차가 있어

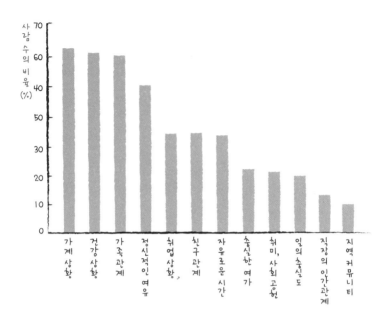

도 개인으로 보면 역전 현상이 일어나듯, 이러한 연구 성과가 개인차로 인해 뒤집어지는 일은 곧잘 있습니다.

그럼 쓸모가 없는가 하면 그렇지도 않습니다. 이러한 연구는 현재 유발되고 있지는 않지만 유발되면 강화될 가능성이 높은, 해보지도 않고 싫어하는 행동에 대한 힌트를 주기 때문입니다.

일기를 쓰지 않는다면 일기를 써 봅시다. 감사하는 일이 적은 것 같다면 감사하는 일을 늘리는 나 자신 실험을 해 봅시다. 왜 일기를 쓰지 않는지 혹은 왜 일기를 쓰는지, 어떤 때에 감사하기 쉽고 어떤 때에 감사하기 어려운지, 그리고 일기를 쓰거나 감사를

하게끔 내 행동을 바꾸는 것이 자기실현으로 이어지는지 아닌지
가 여기서부터 보이기 시작합니다.

> 외롭지 않은 날은 하루도 없어. 하지만 행복은 간단해, 행복한 것처
> 럼 행동하면 돼. 그러면 주위 사람들이 이 사람은 행복하다고 생각하
> 지. 주위 사람들의 눈으로 나를 보면 행복을 느낄 수 있어. 하지만 고
> 독은 그렇게는 안 되지…….

1990년대 미국의 인기 텔레비전 드라마 〈앨리의 사랑 만들기〉
에 등장하는 화려한 여성 비서 일레인 배설은 일솜씨가 좋으면서
도 괴짜인 변호사 존 케이지가 "항상 혼자인데 어떻게 그렇게 밝
을 수 있지?"라고 묻자 이렇게 대답합니다.

고독이 불행하다는 느낌을 가져오는 것은 분명하겠지요. 하지만
고독을 불행으로 느끼면서도 행복한 기분으로 지내는 것은 불가
능하지 않다는 사실, 행복으로 이어지는 행동을 찾아 나가는 것이
가능하다는 사실을 산뜻하게 보여 주는 이 드라마는 탁월합니다.

일레인에게는 행복을 관리하는 것보다 불행을 관리하는 편이
어려웠던 모양입니다. 하지만 고독으로 인한 불행을 관리하는 것
도 불가능하지 않을지도 모릅니다. 나 자신 실험에서는 이러한 도
전도 가능합니다.

나 자신 실험으로 행복해지거나 불행한 느낌을 줄일 수 있다는

보증은 물론 없습니다. 단, 무엇이 내 행복을 늘리고 불행을 줄이는지는 알게 됩니다.

내게는 무엇이 강화제이고 무엇이 혐오 자극인지, 어떠한 행동이 강화되고 어떠한 행동이 약화될 때 행복이나 불행을 느끼는지, 어떠한 강화제나 혐오 자극으로 어떠한 행동이 강화되기를 바라는지를 알게 되기 때문입니다.

어떻게 하면 행복한 느낌을 늘리고 불행한 느낌을 줄일 수 있는지도 알게 됩니다. 잘 되면 그렇게 할 수도 있고, 잘 되지 않아도 왜 잘 되지 않는지를 알게 됩니다. ACT 방법을 익히면 불행하다고 느끼면서도 해내고자 하는 일들을 해 나갈 수도 있게 될 것 같습니다.

부탄 왕국처럼 국가나 행정이 국민의 행복을 제일로 생각하여 이를 측정하고 평가하면서 일을 해 준다면 그보다 더 좋은 일은 없겠지요. 하지만 안타깝게도 당장 실현될 것 같지는 않습니다. 실현됐다고 한들 역시 모든 것을 국가나 행정에 맡겨 둘 수는 없습니다. 행복의 조건이 사람마다 다르다는 것은 움직일 수 없는 사실이기 때문입니다.

그러니 국가나 행정에 기대를 품으면서도 스스로 자기 행복을 추구하는 기술을 손에 넣어 두는 편이 현명한 선택일 겁니다.

과학적, 학술적인 연구법으로서는 이제 역사적인 가치밖에 없는 자기 실험이지만, 우리 한 사람 한 사람이 자기 자신에 대해 탐구할 수 있는 나 자신 실험은 앞으로의 시대를 즐기면서 살아가는 데 도움이 되는 방법론입니다.

　자기 이해와 자기실현을 해 가면서 행복을 탐구하는 방법으로 나 자신 실험을 꼭 한번 시도해 보세요. 처음에는 나 자신 실험의 절차부터 배우도록 합시다. 장애물의 높이를 낮추어 해결하기 쉽고 달성하기 쉬운 과제에 도전해 보세요. 단기간에 성과가 나오는 것이 바람직합니다. 그 편이 즐겁기도 하고 성공하기도 합니다. 성공은 강화제입니다. 나 자신 실험을 계속하여 더 어려운 과제에도 도전할 수 있게, 우선 나 자신 실험에 도전하는 행동을 성공을 통해 강화합시다. 그리고 조금씩 장애물을 높이며 인간관계나 이루고 싶은 꿈이나 인생과 관련한 주제에도 도전해 보세요. 수반성을 믿고.

인용문헌

· 고부쿠로 〈꿈 노래〉 Saturday 8:PM, MINOSUKE RECORDS, 고부치 겐타로 작사 · 작곡, 1999년

· 리처드 와이즈먼, 이충호 옮김《59초》웅진지식하우스, 2009년

· 멜 보링 · 레슬리 덴디, 최창숙 옮김《기니피그 사이언티스트》다른, 2006년

· 스티븐 헤이즈, 스펜서 스미스, 민병배 · 문현미 옮김《마음에서 빠져나와 삶 속으로 들어가라》학지사, 2010년

· Ericsson, K.A., Krampe, R.T.,& Tesch-Romer, C.(1993). The Role of deliberate practice in the acquisition of expert performance. Psychological Review, 100(3). 363-406.

참고문헌

· Bernard Weiner(1980), Human Motivation, Psychology Press.

· 이언 에어즈, 이종호 · 김인수 옮김《당근과 채찍》리더스북, 2011년.

옮긴이 심정명

서울대학교 비교문학과에서 석사 학위를, 오사카대학교 일본학연구실에서 박사 학위를 받았다. 옮긴 책으로는 《백미진수》《세상을 바꾼 10권의 책》《히틀러 연설의 진실》《유착의 사상》《스트리트의 사상》《발명 마니아》《피안 지날 때까지》《비사교적 사교성》 등이 있다.

나를 바꾸는 행동분석학

초판 1쇄 발행　　　2017년 8월 29일

지은이　　　　시마무네 사토루
옮긴이　　　　심정명
책임편집　　　박소현
디자인　　　　주수현 이미지

펴낸곳　　　　바다출판사
발행인　　　　김인호
주소　　　　　서울시 마포구 어울마당로5길 17 5층(서교동)
전화　　　　　322-3885(편집), 322-3575(마케팅)
팩스　　　　　322-3858
E-mail　　　　badabooks@daum.net
홈페이지　　　www.badabooks.co.kr
출판등록일　　1996년 5월 8일
등록번호　　　제10-1288호

ISBN　　　　978-89-5561-930-0 03180